Couverture inférieure manquante

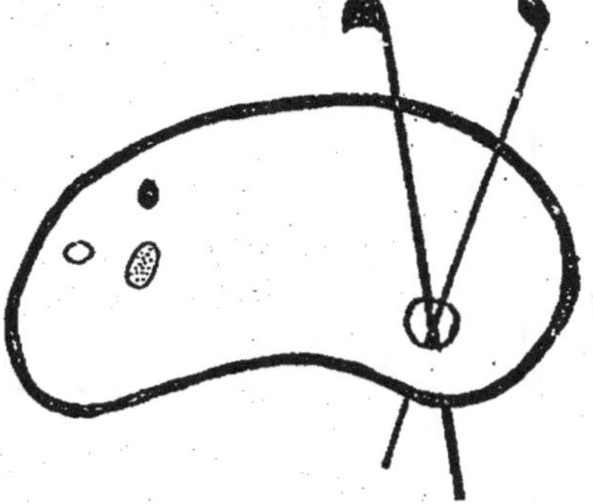
DEBUT D'UNE SERIE DE DOCUMENTS
EN COULEUR

MONOGRAPHIE

DE LA

PAROISSE DE BIÉNAC

PAR

Le Dr Octave MARQUET

ROCHECHOUART

Imprimerie L. DUPANIER

PLACE DUPUYTREN

1896

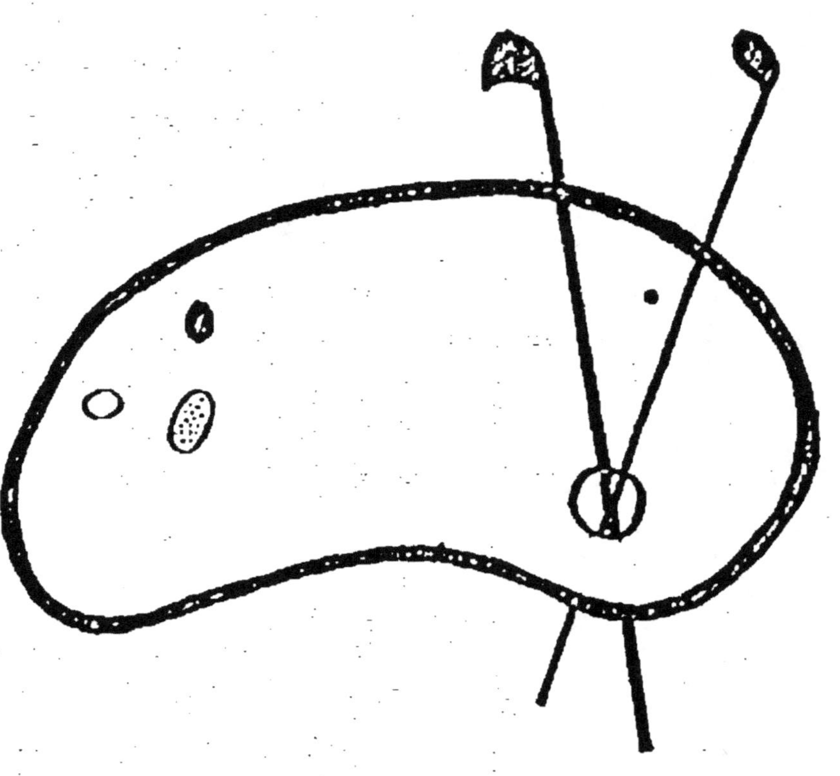

FIN D'UNE SERIE DE DOCUMENTS
EN COULEUR

MONOGRAPHIE

DE LA PAROISSE DE BIÉNAC

MONOGRAPHIE

DE LA

PAROISSE DE BIÉNAC

PAR

Le Dr Octave MARQUET

ROCHECHOUART

Imp. L. Dupanier, place Dupuytren

—

1898

MONOGRAPHIE DE LA PAROISSE DE BIÉNAC

« Je vous aime, ô débris, et surtout quand l'automne
» Prolonge en vos échos sa plainte monotone.
» Sous vos abris croulants je voudrais habiter,
» Vieilles tours, que le temps l'une vers l'autre incline,
» Et qui semblez de loin, sur la haute colline,
» Deux noirs géants prêts à lutter.
     » Victor Hugo, *Ode dix-huitième.* »

Qui aime son pays ne doit pas avoir l'unique ambition de voir celui-ci riche et prospère et marchant fièrement dans la voie du progrès. Qui aime son pays doit aussi mêler la curiosité à son amour et regarder derrière lui, en s'éclairant du flambeau qui, de sa lumière, déchire les ténèbres de l'histoire.

Cette curiosité, à mon avis, est saine ; elle n'invite pas à scruter les actes des autres, je la limite à la connaissance du passé, à l'histoire de nos ancêtres, à celle des lieux qui nous entourent et que nous aimons, à celle enfin des nombreux monuments de tous les âges qui couvrent notre pays, et qui sont comme le livre de raison des générations qui nous ont précédés.

Chacun de nous aime à parler et à se souvenir de ses ancêtres, alors même que leurs noms ne sont pas inscrits, glorieux, sur les Tables de bronze du palais de Versailles. Pourquoi l'histoire de notre pays, pourquoi les traditions des temps disparus, avec leurs mœurs, leurs coutumes, voire même leurs superstitions, nous laisseraient-elles indifférents ?

J'avoue que je suis très curieux de ma nature, et, dans mes perpétuelles promenades, je songe souvent au passé, qu'évoquent sur ma route, les traces plus ou moins effacées de ceux qui nous ont précédés dans la vie. L'existence de nos anciens n'a pas été la nôtre, et c'est une raison de plus pour que notre curiosité devienne plus vive. Je voudrais apprendre

DEBUT DE PAGINATION

jour par jour leur vie, je serais désireux de les suivre pas à pas, mais les vieux monuments sont muets, ils ne voient pas mon anxiété, et leur contemplation ne me tire qu'à moitié d'embarras.

Cependant, il est permis de trouver dans notre pays, comme ailleurs, un secours sérieux pour nos recherches. Il y a la tradition, qui n'est pas toujours l'expression de la vérité, celle-ci ayant été fatalement altérée, en passant par de si nombreuses bouches. A côté de la tradition, nous trouvons les monuments, leur architecture et leurs inscriptions, et, enfin, en nous rapprochant de notre époque, les vieux papiers, délaissés pendant longtemps, et, aujourd'hui, conservés avec une profonde piété.

Ces fonds sont inépuisables, et la vie est trop courte pour compulser tous les documents qui sont à notre portée. Un homme du dix-neuvième siècle, qui compte ses heures de travail et de préoccupations, ne peut donner que peu de temps à cette œuvre. Mais les réunions d'hommes de bonne volonté, les sociétés composées de personnes éclairées et aimant le travail, peuvent rendre de grands services, et les résultats obtenus ne manqueront pas d'être immenses.

Que chaque province, chaque département et, de préférence, chaque commune fasse son histoire avec des documents cueillis et réunis sur place, et l'histoire de la vieille France sera complète, remplie de faits exacts et où rien n'aura été oublié.

Dans notre cher Limousin, les chercheurs d'élite sont nombreux, et depuis longtemps déjà les richesses que détenaient nos précieuses archives ont été fouillées, pesées, livrées aux curieux par une pléiade de savants, que nous ne saurions trop admirer et remercier.

Il y a quelques mois, les fêtes du cinquantenaire de la Société archéologique et historique du Limousin ont été l'occasion d'un triomphe mérité pour les fondateurs de cette Société, et le vénérable Président, M. le Chanoine Arbellot, l'érudit aimable, que nous aimons et apprécions, en est revenu grandi encore parmi ses collègues et ses savants collaborateurs.

La lecture des curieuses pièces et des ouvrages, qui ont été l'œuvre de la Société limousine, est très attachante, mais à chaque page le lecteur est avide d'en savoir davantage et il trouve sans cesse des lacunes, que le temps et les études nouvelles finiront par faire disparaître.

C'est à continuer sans cesse cette œuvre que je convie le chercheur. Je l'invite à ce travail délicat, auquel doit présider l'honnêteté, ayant pour compagnes fidèles et inséparables, la ténacité et la persévérance.

Que l'un prenne une courte période de l'histoire locale, qu'un autre s'attache à interroger un monument, qu'un troisième prenne une famille à son origine et la suive partout où elle a jeté des rameaux, qu'un autre enfin se montre curieux des vieux usages, des vieilles coutumes et du vieux langage. J'en passe et des meilleurs parmi les rôles à remplir.

Quand chacun aura apporté à la ruche sa page historique, pleine de sincérité, il sera facile alors de faire un ouvrage complet, capable d'intéresser les plus indifférents, car chacun y trouvera un peu de soi-même, un peu de sa famille, beaucoup de son pays, de sa patrie.

En lisant et relisant les nombreux ouvrages écrits sur notre pays, et les papiers précieux qui sont à notre disposition, je me suis posé bien des points d'interrogation, et j'avoue que je voudrais bien les résoudre. Je sais d'avance que ma curiosité ne sera jamais satisfaite, cependant je ne cesserai de faire des tentatives pour savoir le plus possible.

Depuis longtemps, chaque fois que je longe la petite rivière de Grenne, ou que je traverse le bourg de Biénac, je suis poursuivi par le nom de Grenne, qui est gravé sur le château de Biénac et que j'ai rencontré bien souvent écrit dans divers ouvrages et dans les registres paroissiaux de Saint-Julien de Biénac. Des seigneurs, dès le treizième siècle, ont porté le nom de Grana.

J'ai essayé de réunir tout ce que j'ai pu trouver dans de nombreux ouvrages et de non moins nombreuses revues, j'ai ausculté les monuments, j'ai interrogé les vieillards et écouté les voix de la tradition et des légendes, et je crois que je commence à voir quelque chose, à trouver quelque suite dans la confusion des temps passés, tout en constatant de nombreuses lacunes, que d'autres plus heureux et plus habiles sauront peut-être combler.

Je vais donc essayer de jeter une faible lumière sur la paroisse de Biénac. Je donnerai exactement tous les documents que j'ai trouvés et je m'efforcerai de les rendre intelligibles pour chacun, sollicitant l'indulgence de tous, et espérant avoir été agréable à quelques curieux comme moi.

En un mot, je vais tenter d'écrire la *Monographie de la Paroisse de Biénac*. (1)

Rochechouart, le 16 janvier 1896.

DOCTEUR MARQUET.

(1) Biénac est aujourd'hui une paroisse, commune de Rochechouart. Un prêtre, qui réside au bourg, la dessert.

MONOGRAPHIE DE LA PAROISSE DE BIÉNAC

Un voyageur se dirigeant de Saillat à Bussière-Galant, par la voix ferrée, voit tout-à coup surgir, à droite de sa route, deux clochers qui lui semblent être bien rapprochés l'un de l'autre, et, pour ainsi dire, surmonter la voûte de la même église. Il n'en est rien cependant, l'un est le clocher de l'église paroissiale de Rochechouart, l'autre est le clocher de Biénac. Ce petit bourg, pittoresquement perché sur un plateau, traversé par une belle route, est aujourd'hui bien déchu de son ancienne splendeur.

Les deux demeures seigneuriales qui l'embellissaient, aux siècles passés, n'ont plus l'aspect que de modestes maisons bourgeoises, et les nobles dames et les élégants seigneurs, qui les ornaient, ont quitté à jamais le pays pour n'y plus reparaître. Les nombreux employés de ces châteaux, et tous ceux qui gravitaient autour des maîtres n'ont plus de raison d'être. Aussi, aujourd'hui, moins de deux cents habitants vivent dans ce petit bourg et travaillent la terre des champs situés autour de leur vieille église, pleine des souvenirs de leurs ancêtres, et qui fut la paroisse de Rochechouart jusqu'en 1770.

Quelle est l'origine de Biénac ? quelle est l'étymologie de son nom ? On a écrit Biénac, Biennac ou Biennat. A cette double question je ne ferai aucune réponse, avouant modestement mon ignorance.

Il existe, cependant des traces de l'occupation romaine. Dans le cimetière, il a été trouvé des pans de murailles construites avec du ciment romain, et M. Masfrand, dans sa *Monographie du canton de Rochechouart*, rappelle qu'il y a quelques années, près de l'église, il a été découvert des traces de constructions romaines et une grande quantité de débris de tuiles à rebords.

M. le curé Duléry, dans son histoire sur Rochechouart, a, selon sa déplorable habitude, c'est-à-dire, sans donner les origines de ses affirmations, écrit qu'en 1295, Rochechouart, qui jusqu'à ce moment avait été desservi par l'église de Biénac, fut élevé au titre de succursale en ville murée. Le service religieux fut confié, d'après cet auteur, aux moines de Saint-Sauveur.

A cette époque, quoiqu'il en soit, Biénac était déjà florissant. Aussi, est-il permis de croire que cette localité existait avant qu'Aymeric Ostofrancus devint vicomte de Rochechouart, en 965. Evidemment, Biénac et Rochechouart ont une origine commune et l'un a complété l'autre, pendant plusieurs siècles.

Biénac était un lieu noble, et la paroisse, très étendue, était divisée en fiefs, sous l'apanage des vicomtes de Rochechouart. Ces fiefs, pendant plusieurs siècles, appartenaient aux Cramaud, aux Paute, aux Prunh, aux Grama ou Grenne. Quand ces familles eurent disparu, au commencement du XVI° siècle, les seigneurs de Grenne eurent seuls les domaines importants de la bourgade. A ce moment, ils habitaient le château de Grenne et portaient le nom de d'Asnières, seigneurs de Grenne.

Quelques branches se greffèrent sur le rameau primitif et formèrent les d'Asnières de Villefranche, de Villechenon, de Borcille, de la Rivière, de Villeneuve, de la Redortière, etc. La branche la plus importante, après celle de Grenne, fut celle de Villefranche qui habita le château de ce nom. Ainsi, Biénac eut, désormais, deux maisons nobles qui existent encore et méritent d'être visitées.

Outre les châteaux de Grenne et de Villefranche, il y avait une église dédiée à saint Julien, un cimetière, dans lequel était édifiée une chapelle sous le vocable de saint Antoine, connue sous le nom de Vicairie de Rosiers. Enfin, dans un hameau voisin, s'élevaient le château et la chapelle du Bâtiment, où habitait une branche cadette des vicomtes de Rochechouart.

La forêt immense s'étendait au nord et à l'est de Biénac. Aujourd'hui, elle porte simplement le nom de forêt de Rochechouart, mais, autrefois, elle s'appelait de Petris-Albis (cailloux-blancs), d'Aubepierres ou d'Albespierres. (1)

---

(1) Archives de la vicomté de Rochechouart et liasses du fief de Prunh. Acte du 15 mai 1347 et aveu de Jeanne de Prunh du 8 janv. 1434.

A partir de 1770, le curé de Biénac qui, jusqu'à cette époque signait tous les actes comme curé de Biénac et de Rochechouart, son annexe, devint seulement curé de Biénac, et Rochechouart vit créer la paroisse de Saint-Sauveur et eut ses registres spéciaux.

Jusqu'a cette époque, en effet, la circonscription de la paroisse de Biénac était considérable, puisqu'elle allait de la Gorre à la rivière de Grenne, et englobait Rochechouart en entier.

Biénac, comme la vicomté de Rochechouart, dépendait, pour le temporel, du Poitou, et faisait partie du diocèse de Limoges. La paroisse comprenait l'église de Saint-Julien de Biénac, les églises de Saint-Sauveur, des Jacobins et de N.-D. de Beaumoussou, de Rochechouart. La chapelle du Bâtiment y était également rattachée.

Pendant la Révolution, Biénac fut érigé en commune, comme Rochechouart. (1) Le 26 frimaire, an IX, un arrêté préfectoral porta réunion provisoire des deux communes. Le sous-préfet d'alors signait : Périgord. Mais il se produisit de nombreuses protestations, et le 18 prairial de la même année, cet arrêté fut rapporté et les deux communes devinrent de nouveau distinctes, avec deux conseils municipaux et deux municipalités.

C'est en 1806, seulement, que la commune de Biénac fut supprimée et réunie à celle de Rochechouart. Le premier maire de Biénac fut P. Meilhac. Son successeur fut F.-E. Lavaud, agent municipal, maire, qui avait pour adjoints : Emery Fourgeaud et Maisondieu.

Le dernier maire a été Soulat, qui a conservé ses fonctions jusqu'en 1806, au moment où la commune de Biénac a été supprimée. (2)

Du jour où les registres paroissiaux ont été donnés à la municipalité et sont devenus registres de l'état-civil, les agents signataires des actes ont été : Louis Labrousse, officier public : Brandy, curé, officier public ; F.-E Lavaud, agent municipal, officier public ; Fourgeaud, adjoint ; Maisondieu,

(1) Archives de la mairie de Rochechouart.
(2) Archives de la mairie de Rochechouart. Liasses.

adjoint ; Lavaud, maire ; Barthélémy Marquet, officier municipal ; et enfin, Soulat, maire.

Les registres paroissiaux avaient été paraphés avant d'être livrés aux curés de la paroisse. Les mentions qui accompagnent le cachet de la Sénéchaussée de Montmorillon sont curieuses. En voici quelques-unes.

En 1770. — Caillaud de la Varenne, conseiller du Roy et son Sénéchal de robe longue, de la sénéchaussée de Montmorillon, conformément à la déclaration du Roy, du 9 avril 1736.

En 1783. — Jean-Hilaire Bastide d'Aubières, conseiller du Roy et son lieutenant général de police de la Sénéchaussée de Montmorillon.

En 1789. — Jean Gauden, sieur de L'héraudière, conseiller du roy, son lieutenant particulier, assesseur criminel et premier conseiller de la Sénéchaussée du siège royal de Montmorillon.

En 1791. — Jacques-Pierre-Louis Gros de Puisséguy, président du tribunal du district de Saint-Junien, séant à Rochechouart. (1)

La Mairie de Rochechouart possède les registres paroissiaux de Saint-Sauveur, de 1770 à 1791, et les registres de Saint-Julien de Biénac, de 1605 à 1805.

Ces registres tenus à jour par les vicaires de la paroisse contiennent les naissances, les mariages et les enterrements. Mais, en outre, un grand nombre de faits particuliers sont inscrits au jour le jour, et, parfois, présentent un intérêt et excitent vivement la curiosité. Je me ferai un plaisir de les réunir et de les publier dans mon modeste travail.

La lecture de ces registres m'a permis de faire des trouvailles et je m'empresserai de ne pas en garder le secret, pensant, avec raison, que les curieux sont nombreux en ce monde, et que chacun sera, comme moi, satisfait d'apprendre un peu l'histoire de ses vieux parents et les vieilles coutumes originales qui se perpétuaient comme une religion.

(1) Archives de la mairie de Rochechouart. Registres paroissiaux de Saint-Julien de Biénac.

La paroisse de Biénac était très étendue, puisqu'elle comprenait toute la commune de Rochechouart jusqu'en 1770. Aujourd'hui encore, elle englobe une trop vaste surface, et Rochechouart a des maisons comprises dans la paroisse de Biénac.

Les villages de Borcille et de la Ribière ont pourtant changé de paroisse et n'appartiennent plus à celle de Biénac.

Il y a, également, un certain nombre de villages qui ont complètement disparu, et dont les noms sont souvent indiqués sur les registres paroissiaux. Les principaux sont les suivants :

La forêt de Limon, lieu noble ; le Moulin de Turelet ou Turluret, qui existait encore en 1770 ; le Moulin de l'Etang ; le Moulin de Chez-Combard ; Chez-Pouyaud ; Chez-Bounaud ; Chez-Rougier.

Il y avait quatre villages portant le nom de Saurette, c'étaient : Saurette de Lavaud, Saurette de Monsieur, Saurette de Madame et Saurette de Chez-Durand.

Villefranche et Macureau étaient qualifiés de lieux nobles.

Pendant deux siècles, Rochechouart fut protestant, et presque toutes les familles bourgeoises avaient embrassé la religion calviniste. Aussi, les registres de Saint-Julien de Biénac sont-ils un peu pauvres en noms connus et ayant de la notoriété. Cependant, on rencontre un grand nombre de parrains et de marraines appartenant à des familles bourgeoises, ou portant des noms précédés de particules ou suivis d'un nom de propriété. On y trouve aussi des noms de gentilshommes appartenant à la noblesse des environs. Je vais donner ceux que j'ai choisis et qui reviennent souvent sous la plume des curés de la paroisse.

Descubes, sieur de la Lorencie, époux de Jeanne de Fayolle, au château du Bâtiment. Du Solier, sieur des Combes. Simon, sieur des Rivaux. Sieur François du Maine, bourgeois du village des Brosses. Dupuy, sieur de Boygéras. Périgord, sieur de Puyblanc. Jean Simon, sieur du Breuil. Gabriel Londeix, écuyer, sieur de la Brousse et de Bretenou. Françoise Rousseau, dame de la Girauderie, épouse de François de Londeix, sieur de la Brousse.

Simon, sieur de la Gardette, receveur au château de Grenne. Goursaud, sieur de Laumond. Goursaud, sieur du Mazet. De Lavaud, sieur de la Forge. Dame Jeanne Muret de la Rapidie. Jacob de la Chaumette, bourgeois du village des Bordes. Léonard Javerliat, bourgeois de Biénac. François de Bretenou. De la Croix, sieur de la Grange. François de Roquart, sieur de Puymajol, écuyer, de Roquart, seigneur des Doges (les Dauges), près Chassenon. Chauveron, sieur du Châtelard.

Descubes, sieur de Chandanis. Pierre de la Chaumette, sieur de Boissoulet. Joseph Boudeau, sieur de Maumery. Simon de Fontgrenier. François de la Barde. Simon de la Gardette, vicaire. Antoine Marquet, vicaire, bachelier en théologie. Jacob Marquet, maître-chirurgien. Goursaud, sieur du Belhomme. Goursaud, sieur de Bonnefond. Jean de Bagnac, au Bâtiment. Rayet, sieur du Mas. Boutinaud, sieur de Bussac. Boutinaud, sieur de la Morelle. Boutinaud, sieur de la Gorse, originaire de Chez-Daniel, paroisse de Chéronnac. Suzanne d'Asnières de la Fond.

Prévéraud, sieur de Nitrat, capitaine d'infanterie. Prévéraud, sieur de Lamirande, capitaine d'infanterie. Simon, sieur de la Grouzille. Descubes, sieur des Vignes. Joumard Tizon d'Argence, chevalier, seigneur des Courrières. Messire Jacques d'Abzac, chevalier, seigneur de Pressac. Clavaud, sieur de la Borderie. Estignard de la Faulotte, entrepreneur de tabac à Rochechouart. Simon, sieur de la Barde. Jacques de la Croix, docteur en médecine. Daniel Pallier, bourgeois. Marie de Bretenou, de la Légerie. Léonard du Resseyx, au Bâtiment.

Jean Soulat, notaire. Michel de la Brunye, aux Houmeaux. Suzanne Pilot de Recoudert. Descubes, sieur de la Lande. Descubes de Saint-Désir. Jacob Poitiers, maître-chirurgien, au faubourg de Rochechouart. Léonard du Rousseau, notaire royal, sieur de la Forge en Périgord, demeurant au faubourg de Rochechouart (1776) Jean Fayolle, premier lieutenant de la Maréchaussée du Limousin.

Desvergnes, sieur de la Légerie. Dupuy, sieur des Plantes. Vergnaud, sieur de Saint-Hilaire. Pierre-Thomas de Joussineaux. Simon Javerlhiat, maître en l'art de peinture. Jean Ducolombier, maître-chirurgien aux Plats. Ducolombier, notaire au Bâtiment. Chaput, notaire à Biénac. Virolle, (1785). De Roumagnac, notaire. De la Couchie, bourgeois de la Royère. De la Broüe, de Troupain. Malet, notaire. Du Colombier, chirurgien à Biénac.

Les professions à Biénac étaient variées. Voici les principales :

Chirurgiens, docteurs en médecine, praticiens, notaires, receveurs, tailleurs d'habits, marchands, tuiliers, sargetiers, taillandiers, forgerons, charrons, laboureurs, tisserands, galochiers, fourniers, sergents, officiers, nobles, bourgeois.

Beaucoup de noms persistent encore dans le pays, un certain nombre ont complètement disparu. Ceux que l'on trouve sur les registres le plus souvent sont les suivants :

Maumillon, de la Chaumette, d'Asnières, de la Brunye, Pouzy, Marquet, Javerliat, de la Brousse, de la Thière, de la Vie, de Roumagnac, du Colombier, Chaput, Périgord, Rateau, Soury, de la Couchie, Desvergnes, Granet, Dupuy, Bélier, Jallageas, Cussaguet, Ribette, Chabasse, Vareille, de Lavaud, Raynaud, Paulet, Vigier, Clavelle, Barrière, Richemont, Chambord.

Viroulet, Lévêque, Fourgeaud, Bordas, Restoucix, Sansonnet, Broc, Chavagne, Meilhat, Boulesteix, Cloquemain, Rougeret, Sadat, Gay, Bretenou, Cardeneau, Brachet, du Verger, Féraud, Duchazeaubeneix, Gady, Laurent, Duvoisin, Brandy, Maron, Beaumatin, Lèze, Couillon, Sabourdy, de la Bergerie, de Saint-Gervais, laboureur à Macureau ; Lochon, Malet, Bourdeau, Rayet.

Le bourg de Biénac

Biénac est bien et agréablement situé. Traversé par une grande et belle route, de nombreux chemins l'entourent, et il domine deux vallées fertiles, celles de la rivière de Grenne et du ruisseau des Morts.

Deux cents habitants à peine peuplent la petite bourgade, composée en grande majorité de cultivateurs. Son église est un monument intéressant, le presbytère est coquettement installé, au milieu de vastes jardins, et le château de Grenne s'annonce actuellement comme une simple maison de campagne.

Les maisons du bourg ne présentent rien de bien intéressant. Cependant quelques-unes sont curieuses, à voir leurs fenêtres en granit et irrégulières, offrant aux yeux quelques tentatives de sculpture.

Non loin du cimetière, à l'entrée du bourg, il a été élevé une grande croix en bois, souvenir d'une Mission, prêchée en 1852.

Au milieu du bourg se trouve également une croix en pierre et en fer.

A quelques centaines de mètres de l'église, est situé le cimetière.

Enfin une belle école pour garçons et filles a été construite en 1880.

Église de Biénac

Le bourg de Biénac possède une belle église romane, avec coupole au transept, surmontée d'un clocher octogone. Cette église, de grandes dimensions, construite en granit, a la forme d'une croix latine, lithurgiquement orientée. Elle s'élève sur une petite place et on y accède par un perron demi-circulaire de dix marches.

Sur cette place, on remarque un énorme tilleul qui, dit-on, remonte au temps de Sully.

Comme la plupart des églises limousines, elle a les caractères principaux des monuments religieux de notre pays. Elle ne présente pas de sculptures, notre granit étant un obstacle aux travaux délicats et aux fines ciselures. La porte n'a point de tympan. Les colonnettes, qui sont de chaque côté, soutiennent simplement les nervures de la voussure, qui se terminent légèrement en pointe.

Au-dessus de la porte est une longue et étroite fenêtre.

Extérieurement et autour de l'église on aperçoit encore les têtes grimaçantes, qui correspondent aux points d'attache de la voûte.

La nef de l'église est vaste et sans aucune fenêtre. La

voûte est cintrée, légèrement en pointe Il n'y a pas de b s côtés et par conséquent, pas de colonnes.

La coupole, de grandes dimensions, est au transept, elle est éclairée par une petite fenêtre, et porte la date de 1648. Elle est soutenue par quatre belles colonnes d'angle, qui font corps avec les murailles du monument et encadrent ainsi la nef, le chœur et les chapelles latérales. Les voussures de la voute reposent directement sur les élégants chapiteaux des colonnes.

Les deux chapelles ne sont pas semblables. Celle de la Vierge, éclairée par trois fenêtres, présente une charmante voûte ogivale, à nervures gracieuses, qui partent des angles, ornés de chapiteaux sculptés, et viennent se réunir à la clef de voûte. Le chœur même de cette chapelle a une voûte semblable, mais moins élevée. Autrefois l'autel de Saint-Antoine se trouvait à cette place.

La chapelle de droite est celle de saint Julien, patron de la paroisse. L'autel est en bois et présente des peintures intéressantes. De chaque côté, on remarque les attributs de la musique, et, au milieu, au-dessus de la statue de saint Julien, une sainte Madeleine, qui paraît bien échevelée, pour quelques personnes pieuses.

Les pierres, qui pavent la chapelle de Saint-Julien, sont, pour la plupart, d'anciennes pierres tombales, et quelques-unes ont des croix sculptées à leur surface. C'était le lieu de sépulture des Messieurs de Saint-Palais, de Grenne, alors que l'autel était celui de la Vierge.

La voûte de cette chapelle, qui était semblable à celle de gauche, a disparu, elle est maintenant en bois. L'autel s'appuie sur un mur droit, l'emplacement du chœur d'autrefois étant occupé par la sacristie.

Une large fenêtre géminée l'éclaire.

Le chœur de l'église est à chevet plat, percé de trois fenêtres, longues et étroites, qui éclairent le monument. De chaque côté sont également deux autres fenêtres.

L'autel est antique, tout en bois, avec retable et tabernacle sculptés. On y remarque quatre niches a ec leurs jolies statuettes. De nombreuses têtes d'ange et des guirlandes de fleurs en relief lui donnent un gracieux aspect. Le tabernacle et l'exposition sont surmontés d'une couronne dorée fleurdelisée, soutenue par les deux bras d'un ange à mi-corps. Deux anges agenouillés sont de chaque côté en adoration. Derrière la couronne apparaît sur une boule dorée le Christ évangélisant sur la montagne. Enfin, autour du tabernacle et encadrant les niches, on voit d'élégantes colonnettes torses, à chapiteaux, les unes unies, les autres enguirlandées de pampre.

La voûte du chœur est ogivale. Du sol partent quatre colonnettes légères trilobées, et, sur les abaques de leurs élégants chapiteaux, reposent directement les nervures gracieuses, qui se réunissent à la clef de voûte. Celle-ci est ronde et plate, dans sa partie apparente. Elle porte huit crosses rangées en cercle, une croix fleurdelisée et une main héraldique.

Encastrée dans le mur du chœur, à gauche de l'autel, on remarque une belle pierre, qui porte la date de 1406. Autour de cette pierre, court une guirlande de pampre, finement sculptée, et, aux quatre coins, sont les armes du cardinal de Cramaud : d'azur à la bande d'or, avec six merlettes de même, rangées en orle, le tout surmonté d'une double croix patriarcale. C'est sur cette pierre, en effet, qu'est gravée, en belles lettres gothiques, la fondation du cardinal, Simon de Cramaud, évêque de Poitiers, patriarche d'Alexandrie, par laquelle il assurait la subsistance aux quatre chapelains qu'il créait dans l'église de Biénac. Cette pierre, en serpentine, est remarquable par sa conservation et la beauté de la gravure.

Sous la chaire, se trouve une pierre portant la date de **1644.**

La sacristie est située à droite ; on y accède par une porte en plein cintre. Un immense buffet garnit un des côtés et porte gravé le nom de celui qui l'a fait : L. Brandy du Peyrat, Vicaire B. 1782.

En face, sont deux tableaux, grossièrement peints sur bois, vers 1840, par M. Pariset, frère du curé de la paroisse à cette époque. L'un représente saint Julien, l'autre saint Jean, l'évangéliste, portant un calice, duquel sort miraculeusement un serpent.

Pour monter dans le clocher, il faut suivre un élégant

escalier en hélice. La voûte de l'église est recouverte d'énormes pierres plates.

La tour elle-même, octogonale, se termine par une flèche pointue, couverte en ardoises. Elle est éclairée par quatre belles fenêtres, séparées en deux par une fine aiguille en granit, aboutissant à un tympan plein, légèrement en pointe.

Le beffroi contient deux cloches. La première, qui donne le mi, porte la date de 1664. Elle a eu pour parrain : Haut et puissant seigneur Lois de Pompadour, et pour marraine : Damoiselle Marie de Pompadour. Elle porte également l'invocation : Sancte Juliane Ora pro nobis, et les noms suivants : Pierre Javerlhiat, syndic ; Mre Léonard Nauche, curé.

La seconde cloche, qui donne le *la*, a remplacé une petite cloche brisée. Elle a été bénite le 29 juillet 1883. Elle pèse 380 k. et a coûté 1,310 francs. Le parrain a été Paul-Marie-Guy de Reilhac de Châteaurocher, et la marraine : Marie-Thérèse de Reilhac de Châteaurocher, M. Junien était curé. Elle s'appelle Marie.

Dans l'intérieur de l'église, de chaque côté de la porte, on remarque deux bénitiers, dont l'un a la forme d'une grande vasque.

Les murs de l'église présentent quelques tableaux sans valeur : une assomption, un calvaire, une annonciation.

D'après M. le curé Duléry, l'église de Biénac a été consacrée le 4 juillet 1262, et, au XVIe siècle, aurait eu lieu la reconstruction du chœur, de l'abside, des voûtes et du clocher. (1)

Je l'ai déjà dit, jusqu'en 1770, Rochechouart faisait partie de la paroisse de Biénac. Le curé était toujours assisté de plusieurs vicaires ; on a en compté jusqu'à cinq et six à la fois. Le service des diverses chapelles et églises annexes : le Bâtiment, Saint-Antoine, du cimetière, Saint-Sauveur, N.-D. de Beaumoussou, occupait ce nombreux clergé, qui parfois ne suffisait pas. Quelquefois, en effet, le service était assuré par des religieux du couvent des Jacobins, du Châtenet ; les registres paroissiaux en font foi.

____

(1) Duléry. *Histoire de Rochechouart.*

Biénac, comme Rochechouart, dépendait du Poitou pour le temporel. Pendant longtemps, la vicomté resta, au point de vue spirituel, sous la dépendance de l'archiprêtré de Nontron (1), tout en faisant partie du diocèse de Limoges (2).

M. Leroux, l'archiviste distingué du département de la Haute-Vienne, a eu l'obligeance de me donner quelques renseignements précieux sur les paroisses de Biénac et de Rochechouart. Cet auteur a publié, en 1886, dans un recueil de Chartes, Chroniques et Mémoriaux, pour servir à l'Histoire de la Marche et du Limousin, la note suivante : « Bien- » nac (matrice de Rochechouart). M. Laurent Rayet, prêtre en » 1752, vicaire en 1752, chargé de la desserte (de la dite » paroisse), paraît bon sujet, ; il est éloigné de s'établir à » Biennac. Communiant : 900. » (3)

D'après M. Leroux, par église matrice, on entend celle qui a donné naissance à une autre. Rochechouart a été, à l'origine, jusque vers le XIᵉ siècle peut-être, partie intégrante de Biénac. La chapelle du château n'était qu'une annexe de l'église paroissiale de Biénac. Cette chapelle devint à son tour paroisse, et, en même temps que la population de Rochechouart devenait plus considérable, l'église de Saint-Sauveur se construisait (1077). Au XIIIᵉ siècle, Foucaud de Rochechouart, chanoine de Limoges, élevait la chapelle de N.-D. de Beaumoussou, et, autour de cette chapelle, il se créait un cimetière qui n'a cessé de servir depuis cette époque. En 1605 et en 1629, le vicomte Jean (4) attribua une partie de ce cimetière aux protestants. Le 16 janvier 1674, dans la chapelle de N.-D. de Beaumoussou, eut lieu un mariage. Le 22 Juillet 1773, dans la même chapelle, fut inhumé Pierre Lavergne, potier d'étain. (5)

Tout porte donc à croire que, longtemps avant 1770, Rochechouart avait déjà sa paroisse distincte, et, dès 1725, chacune des deux paroisses avait ses registres spéciaux et son

(1) Avant la Révolution, le curé de la paroisse d'Oradour portait le titre d'Archiprêtre de Nontron. (Oradour-sur-Vayres. *Monographie d'une paroisse*, par M. Etienne Rayet, P. 65).
(2) Duléry. *Histoire de Rochechouart.*
(3) Leroux. Chartes, *Chroniques et Mémoriaux*, etc. 1886, p. 343.
(4) Leroux. *La Réforme en Limousin.*
(5) *Registres paroissiaux.*

cimetière. Cependant, Biénac continua à se parer, jusqu'à la Révolution, de son titre d'église matrice, et les curés signaient toujours : curé de Biénac et de Rochechouart, son annexe.

(1) D'après le *Pouillé* du diocèse de Limoges de 1773, il y avait à Biénac une communauté de prêtres qui avait été formée en 1552. Le *Pouillé*, d'ailleurs, ne donne pas Biénac dans la liste des cures du diocèse.

M. l'Abbé Leclerc a eu l'extrême obligeance de me communiquer d'intéressants extraits du *Pouillé* de Nadaud. Ces renseignements précieux me permettent de donner quelques détails curieux sur les origines de l'église et paroisse de Biénac et sur la chapelle de Cramaud.

Biennac, ou Biannac, ou Bianac, ou Biénac fut uni à la manse épiscopale par Bulle d'environ 1280. C'était une cure et il y avait 1780 communiants. Le collateur était l'évêque, en 1500, 1510, 1512, 1560, 1567, 1571, 1599, 1618, 1625, 1659 et 1683.

En 1406, quatre vicairies avaient été fondées par Simon de Cramaud, patriarche d'Alexandrie et administrateur perpétuel de l'église de Carcassonne. Si un de ces vicaires s'absentait pendant un mois entier de l'année, le curé de Biénac devait y présenter sur le champ un remplaçant, et si ce prêtre ne le faisait pas, l'évêque y pourvoyait. Le fondateur se réservait le droit de convertir ces chapellenies en canonicats ou prébendes. Le décret est du vendredi, 23 octobre 1405. (2)

Ces chapellenies étaient appelées du Crucifix, et le collateur était le curé de Biénac, qui devait présenter surtout des prêtres de la paroisse, dans le mois de la vacance. L'évêque pouvait suppléer le curé.

Par une transaction du 3 juillet 1471, signée Boulesteix, avec Simone Tizon, dame de Cramaud et de Puyjoyeux, le curé de Biénac devra être présenté, à Limoges, par le seigneur de Cramaud, pour une de ces quatre vicairies. Cette transaction était devenue nécessaire pour la famille de Cramaud, les curés de Biénac ayant émis la prétention d'occu-

(1) *Pouillé* p. 29.
(2) Pouillé du Diocèse Nadaud.

per de droit une de ces vicairies, sans être présentés par les descendants du fondateur.

Le Pouillé indique comme descendants du fondateur ; Arthur de Volort, damoiseau, sieur de la Chapelle-Verleyne et de Cramaud, 1479-1483. — Noble Jean de Montbrun, sieur de Cramaud, 1500. — Gaufridus de Montbrun, archidiacre d'Angoulème, baron de Cramaud, 1530. — François de Caussade, chevalier de l'Ordre du Roi, 1573. — Paul et Louis, chevaliers du même ordre, 1572.

Le vicomte de Rochechouart, en 1630, supprima ces chapellenies et les unit aux Frères prêcheurs du couvent du Châtenet.

Plusieurs pièces authentiques prouvent que Rochechouart fut érigé en cure distincte et séparée de celle de Biénac, depuis la seconde moitié du dix-huitième siècle.

Les Moines de Charroux ayant disparu, il devint nécessaire de supprimer le titre du prieuré de Saint Sauveur. Les fruits et revenus du prieuré furent alors donnés, non à l'église de Biénac, mais à son annexe de Rochechouart, et, à ce moment, il fut question d'ériger l'annexe en cure distincte. Le Pouillé fournit des renseignements à ce sujet. « Vu la requête présentée par le promoteur général du diocèse le 22 octobre 1755, pour éteindre et supprimer, à perpétuité, le titre du prieuré de Saint Sauveur, membre de l'abbaye de Charroux, et en unir tous les fruits, revenus, droits et prérogatives à l'annexe de Biénac, établie à Rochechouart et desservie dans l'église du dit prieuré, et ériger la dite annexe en titre perpétuel de cure et paroisse de la dite ville, en conséquence, la désunir de la cure de Biénac et démembrer de l'une et de l'autre certains villages et hameaux pour, au moyen d'un arrondissement de proche en proche, donner à chaque cure une étendue suffisante et des revenus convenables.... »

Il est probable cependant qu'à cette date la suite donnée à ce projet ne fut pas complète. En effet : « Par décret du 19 juillet 1762 est supprimé et éteint à perpétuité le prieuré de Saint Sauveur de Rochechouart, et tous les fruits, profits, biens fonds, émolumen's, droits, honneurs et prérogatives unis à l'annexe de Rochechouart, qui est érigée et établie en cure, entièrement distincte et séparée de celle de Biennac, et composée de la ville de Rochechouart, etc... »

La séparation de Biénac et de Rochechouart comporta certaines conditions, dont je vais donner les principales.

La dîme du tènement de la Cour sera partagée entre les deux cures, par égale portion. La cure de Biannac jouira des dîmes ou... de Biannac et des villages de Puyjoyeux, Cramaud, la Chassagne, les Bordes, les Houmeaux, les Brosses, la Royère et Chez-Combard.

Les deux curés ne pourront prendre ou établir sur les territoires de l'un et de l'autre aucun droit de reliage ou suite de bœufs, établi dans le voisinage ; mais ils jouiront chacun, dans les limites de leur paroisse, des dits droits de reliage établis et dont ils sont en possession, dans les paroisses de Chaillac, Saint-Auvent, Vayres et Chassenon.

Chacun des dits curés payera, à l'avenir, les charges tant ecclésiastiques que royales, qui seront ou pourront être incorporées sur chacune des dites cures.

Les paroissiens de Rochechouart ne seront tenus, à l'avenir, d'aucune réparation de l'église de Biannac, ni au logement du curé, ni d'autres charges ecclésiastiques. Comme aussi ceux de Biannac ne seront tenus d'aucune charge et réparation envers l'église et paroisse de Rochechouart.

Les réparations à faire, actuellement à l'église de Biannac, seront à la charge tant des habitants de la paroisse de Biannac que de ceux des villages séparés et unis à celle de Rochechouart. Les habitants des dits villages ne seront point aussi tenus des charges et réparations de l'église de Rochechouart.

Les paroissiens de Biannac, en cas de maladie, seront reçus comme ci-devant dans l'hôpital de Rochechouart et auront part aux aumônes, qui seront déposées entre les mains des dames de la charité de la ville de Rochechouart.

Il sera permis aux habitants des villages et lieux démembrés de la dite paroisse de Biannac, pour former celle de Rochechouart, d'enlever les pierres des tombeaux à eux appartenant dans le cimetière de Biannac, pour les placer dans celui de Rochechouart. Ils pourront aussi se faire enterrer dans le dit cimetière de Biannac, sans être tenus de payer le double droit de transport, mais seulement le droit du curé de Biannac.

Pour conserver la mémoire du démembrement des villages de la paroisse matrice de Biannac, pour former celle de Rochechouart, le curé de Biannac aura le droit d'aller faire l'office divin de Rochechouart le jour de la fête du patron de la paroisse de Rochechouart. (1)

Aujourd'hui M. le curé de Biénac a abandonné son droit, la mémoire du démembrement semble oubliée et c'est M. le curé de Rochechouart qui officie le jour de la fête du patron de Rochechouart, qui est saint Julien.

Ordonnance de l'évêque de Limoges portant érection d'une cure à Rochechouart, distincte de celle de Biennat, 6 décembre 1770.

Vu la requête à nous présentée par le sieur Marcillac curé de Biennat et Rochechouart son annexe, en notre diocèse, tendant à ce qu'ayant égard à la grande étendue de la paroisse de Biennat, et à la difficulté qu'elle soit desservie par le sieur curé et vicaires qui résident à Rochechouart, et autres motifs dont nous aurions été ci-devant informés et que nous aurions trouvés si puissants que nous aurions rendu notre décret, les procédures requises en pareil cas préalablement faites, par lequel nous aurions ordonné qu'il y aurait un curé résidant non seulement à Biennat, mais encore à Rochechouart, que nous aurions érigé en cure, il nous plut ordonner qu'en attendant et jusqu'à ce que notre dit décret soit revêtu des formalités prescrites par les lois du royaume, il y aura un vicaire amovible au dit bourg de Biennat qui y résidera dans la maison curiale nouvellement bâtie et qui desservira le dit bourg avec les villages de la dite paroisse, à l'exception de ceux qui sont à la proximité de Rochechouart, et dans lesquels le sieur curé est dans l'usage de porter les sacrements aux malades, sous l'offre que fait le dit sieur curé de Rochechouart, de payer en seul au dit vicaire tel honoraire qu'il nous plairait fixer, en égard à l'augmentation du prix des denrées et à l'obligation où se trou-

---

(1) Pouillé du Diocèse, Nadaud.

vera le dit vicaire d'avoir un cheval pour le service de la dite paroisse, la dite requête signée : de Marcillac, curé de Biennat et de Rochechouart. (1)

Documents recueillis sur les registres paroissiaux de Biénac

1625. — « Papier où sont inscrits les baptèmes, mariages et enterrementz, qui ont été faictz dans l'église de Biénnac, en Poitou, pour le temporel, et diocèze de Limoges, pour le spirituel et cimetière d'icelluy, faist par messire Jehan Fourichon, presbstre, vicaire de la ditte église de Biénac, luy indigne. Le commencement de ce que dessus a esté le treiziesme juillet 1625, lequel jour il a pris possession de la ditte viquairie par le commandement de M. Boutineau, presbstre, curé du dit Biénac et de ses annexes, aulmonier de M. le compte (sic) de Chombert. » (2)

29 septembre 1627. — Enterrement de Marie de Romagnac, après que deux témoins eurent affirmés « qu'elle avait lait sa bonne feste et qu'elle fréquentait ordinairement l'église catholique, apostolique et romaine, et qu'elle est morte bonne catholique. »

23 septembre 1629. — Baptème de Jean Brandi, fils de Guilhem Brandi, patron du village de Chez-Meillat.

5 octobre 1633. — « Suyvant la permission de la justice de Rochoart (sic) a esté enterrée dans le cimetière de Biennac et au fond d'icelluy ung petit enfant, fils de Marguerite Gaudy, servante de Mons, de Villefranche et de Chez-Pouyaud, baptisée à la nécessité, en la maison du dit sieur par le nommé en l'enqueste et audition de la dite Gaudy... » (En marge). La dite Gaudy fut exécuttée, le 2me jour de janvier 1634, en son appel de Paris.

1741. — « Nota qu'en la présente année, la sacristie a été bastie et le grand autel, qui estait fixé et posé à trois pieds du mûr, a été remué et porté près du mûr, et par là a perdu sa consécration. C'est pourquoy on est obligé de se servir d'un autel portatif. Cette note est mise à fin qu'on ne doute pas, dans la suite, si l'église a été consacrée. Nous

(1) Archives de la Haute-Vienne. — Intendance de Poitiers.
(2) Commencement du régistre paroissial de 1625.

l'avons toujours regardée comme telle et fait l'office. » (1)

1745. — « Nota que le 12 du mois d'octobre de la même année 1745 second dimanche du mois, on a commencé, dans l'église de Biennac, à donner la bénédiction du très Saint-Sacrement, le matin et le soir, avec la procession dans l'intérieur de l'église, après vespres. Mgr. l'évêque de Limoges, notre illustre prélat, nous ayant accordé la permission de la donner, tous les segonds dimanches de chaque mois. » (2)

1679. — « L'an de grâce 1679, au mois de décembre, la custode de Biennat a esté achetée à Paris, 40 ll. 15 sols, le port gratis. M. Nauche, pour lors curé, a fourni 30 ll. et la paroisse le reste ; la dite custode a la coupe dorée. » (3)

1760. — 20 avril. — « La paroisse assemblée à l'issue de la messe paroissiale par Franç.is Restouil, syndic de la paroisse, M. de Marcillac, curé, a fait interpeller les paroissiens assemblés de procéder à la nomination du syndic fabricien, attendu que Jacob Marquet, qui avait soigneusement fait cette charge, depuis longues années, était décédé depuis quelques jours. A quoy les paroissiens ont unanimement répondu qu'ils nommaient Barthélémy Marquet, fils de l'ancien syndic, comme ayant les papiers de son père et fort en état de faire cette fonction. Les signataires ont signé et les autres déclaré ne sçavoir, De Marcillac, curé de Biennac et de Rochechouart, son annexe. François Restouil, syndic ; L. Jallajas ; Jean Gorse ; L. Boulesteix ; Montazaud ; L. Labrousse ; L. Couillaud. » (4)

Abjuration de quelques protestants dans l'église de Biénac.

1735. — 12 novembre. — « En l'église paroissiale de Saint-Julien de Biennat, Marie-Elisabeth Birot, femme de feu sieur Olympe Dasnières, âgée d'environ 60 ans, ayant reconnu que hors de l'église catholique, apostolique, romaine, il n'y a point de salut, a, de sa bonne volonté, et sans aucune contraincte fait profession de la foy catholique, apostolique et romaine et fait abjuration de sa mauvaise religion

(1. 2. 3. 4.) — Registre paroissial de Saint Julien de Biénac, et Inventaire des Archives du Département de la Haute-Vienne, par M. Leroux, Archiviste du département.

entre les mains du sieur de Marcillac, curé : de laquelle le dit sieur curé luy a donné l'absolution, se trouvant à l'article de la mort, en présence des domestiques et autres du bourg, qui s'y sont trouvés, qui en partie ont signé conjointement avec moy. Après quoy la dite malade, ayant reçu les sacrements de pénitence et d'extrême-onction, est décédée dans la communion de l'église, le lendemain 13me de novembre, et a été enterrée dans la chapelle du cimetière de la dite paroisse, à la réquisition de son fils, Pierre-Louis Dasnières, écuyer, sieur du lieu noble de Villefranche. » (1)

28 juin 1761. — « En l'église paroissiale de Saint Julien de Biennac, en présence des témoins soussignés, dlle Suzanne Birot, dlle de Bouchaud, âgée d'environ 80 ans, ayant reconnu que, hors de l'église catholique, apostolique et romaine, il n'y a point de salut, a, de sa bonne volonté et sans aucune contrainte, fait profession de la foi catholique, apostolique et romaine, et fait abjuration de l'hérésie de Calvin entre mes mains. De laquelle je lui ai donné l'absolution, en vertu du pouvoir que Mgr. l'évêque de Limoges m'a donné à cet effet. En foi de quoi la dite dlle Birot, qui a été absous, (sic) de l'hérésie, et Barthélémy Marquet, Louis Caillet, François Restouil, Léonard Delabrousse, témoins, habitant le présent bourg, ont signé conjointement avec moi, Rayet, vicaire de Biennat. » (2)

15 décembre 1775. — « Le sieur Henry-David Boisserand, fils légitime de Me Charles Boisserand et de Marthe Gallant, baptisée en l'église de Morges, païs de Veaud, canton de Berne, en Suisse, né au dit lieu, âgé de 52 ans, ayant librement et volontairement reconnu et confessé que, hors de la véritable église catholique, apostolique et romaine, il n'y a point de salut, et, s'étant instruit des dogmes de notre communion, a bien sincèrement abjuré le calvinisme dans lequel il a vécu longtemps ; et comme depuis plusieurs années a désiré de se réunir à nous, dans une dangereuse maladie qu'il éprouve tout-à-l'heure, m'a fait appeler et a secrètement abjuré et renoncé au calvinisme, dont je luy ai donné l'absolution *in extremis*. Et a reçu de ma main tous les sacrements des malades avec une piété tout-à-fait édifiante, et ce en présence de plusieurs assistants, de sr. Joseph

(1. 2.) Registres paroissiaux de Biennac.

Simon de Lagardette, de sr. Pierre Jurond de Montazaud, maître chirurgien, du sieur Duclou, maître d'écriture, et autres qui ont signé avec moy. Brandy du Peyrat, prêtre et vicaire régent de Biennac et vicaire ordinaire de la ville de Rochechouart. » (1)

23 janvier 1791. — Le dit jour, « à l'issue de la messe paroissiale et les habitants n'étant aucuns sortis de la ditte église, en présence de MM. le maire et les officiers municipaux et conseil général de la commune, le commandant et sa garde y étant en grande tenue, je François Lapouraille, vicaire desservant de la paroisse de Biennac, ai prêté le serment requis et ordonné par l'Assemblée nationale, sanctionné par le roy, du 27 novembre 1790 et du 26 décembre 1791. Fait à l'instant de la prestation de serment, en présence des syndics, qui ont la plupart signé avec moi. » Lapouraille, vicaire desservant de Biennac ; P. Meilhac, Maire ; L. Boulesteix ; Jacques Marquet, officier municipal, commandant de la garde ; B. Goursaud, syndic fabricien. (2)

------◆------

Inhumations dans l'Eglise

Aux siècles passés, on enterrait souvent dans les églises, et quelques familles avaient des tombeaux importants dans ces édifices. Dans la plupart des cas, l'inhumation se faisait tout simplement dans une chapelle choisie par la famille, et une simple dalle, ou une pierre sculptée recouvrait les restes du défunt.

A Biénac, un grand nombre de personnes avaient le privilège de recevoir la sépulture dans l'église. Les Messieurs de St-Palais, de Grenne, habitants du château, recevaient tous la sépulture dans l'église, ou dans la chapelle de St-Antoine, du cimetière. Le dernier de cette maison, qui ait été inhumé dans la chapelle de Notre-Dame, de Biénac, le 22 octobre 1775, est M. Robert d'Asnières, de St-Palais. de Grenne, de Maisonnais, du Moulin-Paute, etc. Aussi, lorsque M. le curé Mandavy transporta l'autel de la Vierge de droite à gauche du grand autel, Madame la marquise de la Soudière, héritière des Messieurs de St-Palais, protesta avec

(1. 2.) Registres paroissiaux de Biénac.

énergie, contre cet acte qu'elle prétendait troubler les cendres de ses ayeux, qui désormais ne reposeraient plus dans la chapelle de Notre-Dame. Cette protestation ne fut pas d'ailleurs écoutée.

Je vais donner quelques noms des personnes ensevelies dans l'église de Biénac.

22 décembre 1743. — Enterrement de Simon de Lagardette, époux de dlle Françoise du Soliers, âgé de 70 ans. « Il a été inhumé dans la chapelle de St-Antoine, de Biennac. »

18 octobre 1745. — Jeanne Berthet, vivante veuve de François Râteau, du bourg, âgée de 80 ans, a été inhumée dans la chapelle de St-Antoine de l'église paroissiale.

Signé : Marquet, vic.

1er novembre 1751. — Est décédé, Me Antoine Marquet, prêtre, bachelier en théologie, et vicaire de Biennac, âgé de 36 à 37 ans. Son corps a été inhumé dans le cœur (sic) de l'église paroissiale de Biennac, en présence de Laurent Rayet, sous-diacre et d'Estienne Céron, vicaire de Rochechouart, qui ont signé avec moi.

Signé : Rayet, Céron, vic.
de Marcillac, curé.

14 avril 1760. — Au présent bourg de Biennac, est décédé Jacob Marquet, syndic fabricien, âgé de 74 ans, veuf de Marie Râteau, lequel a été enterré dans l'église, en présence de Barthélémy Marquet et d'Antoine Marquet et autres.

Signé : Rayet.

29 mars 1762. — Enterrement, dans l'église de Biennac, de dlle Françoise Simon, âgée de 47 ans, épouse de François Boutinaud, receveur au château de Grayne.

25 septembre 1772. — Est décédée, au bourg de Biennac, Marguerite Bélier, âgée d'environ 60 ans en son vivant veuve de défunt Jean Marquet, et a été inhumée dans l'église, du consentement du syndic fabricien.

Signé : Brandy vic.

22 octobre 1775. — Robert d'Asnières, de Maisonnais, de Saint-Palais, écuyer, seigneur du Moulin-paute, du Pont-du-Château, de Graine et autres places, en son vivant veuf de dame de Nesmons, mourut à Biennac, au château de Graine, âgé d'environ 75 ans, et fut inhumé dans la chapelle de Notre-Dame de Biennac, en pré ence, etc.

18 septembre 1717. — Enterrement de M. Abraham de Prévéraud, écuyer, sieur de Nitrat, capitaine dans le régiment de Beaujolais, le corps duquel a été inhumé dans la chapelle de N.-D. de l'église paroissiale de St-Julien de Biennac, en présence de M. Jean de Prévéraud, écuyer, seigneur de Lamirande, capitaine d'infanterie, et de Me Pierre-Louis d'Asnières, écuyer.

Cimetière de Biénac

Le cimetière remonte à l'époque de la création de l'église de Biénac, qui fut consacrée le 4 juillet 1262. C'est seulement vers la seconde moitié de notre siècle qu'il fut agrandi et entouré de murailles. Il occupe un vaste terrain et les tombes y sont dispersées d'une façon irrégulière, mais presque toutes sont orientées vers le couchant. Au milieu et à l'ombre de la croix centrale, repose le vénérable M. Duléry, curé de la paroisse de Biénac, membre de la Société archéologique du Limousin et auteur d'une Histoire de Rochechouart. Non loin de cette modeste tombe, on rencontre un énorme bloc de maçonnerie, qui est le tombeau de la famille Lacouchie. Ce tombeau, dans les anciens temps, était placé dans l'église de Biénac. Mais une ordonnance royale de 1515 défendit d'enterrer dans les églises et exigea la destruction des sépultures. Il paraît que vers cette époque ce tombeau fut transporté dans le cimetière, où il continue à recevoir les restes des nombreux descendants de la famille de Lacouchie.

Le cimetière de Biénac possédait une chapelle. D'après M. le curé Duléry, elle aurait été créée avant 1245, sous les seigneurs de Grana. E le était sous le patronage de saint Antoine le solitaire.

Une vicairie y fut fondée en 1400, par Jean de Rosiers, seigneur de Graine, mari de Jeanne de la Chassagne. Une autre vicairie fut créée par Mre Simon de Maisonnais, conseiller au parlement de Bordeaux, seigneur de Graine et de la Motte d'Oradour-sur-Vayres, par acte du 29 juillet 1508, passé à Libourne ; le 3 janvier 1509, à Bordeaux, signé le Conchois et Bernalge (?)

D'après cet acte, le vicaire devait résider à Biénac, ou à Rochechouart. S'il s'absentait, sans congé, pendant quarante jours, la vicairie était déclarée vacante, *ipso facto*. Le curé de la paroisse conférait et le seigneur de Graine nommait à cette vicairie. Quelques-uns de ces seigneurs sont nommés dans le Poullié du diocèse : Simon de Maisonnais, écuyer, seigneur de Graine, de la Motte d'Oradour, conseiller au parlement de Bordeaux, 1511. — Robert d'Asnières, chevalier, seigneur de Saint-Palais et du Moulin-Paute, sur la paroisse de Vidais, 1680.

Cette vicairie avait été destituée souvent et longtemps privée de titulaire. La plus grande partie du temporel était dissipée et le spirituel presque abandonné. Aussi la chapelle était en si mauvais état que l'évêque, dans le cours de ses visites, l'interdit en 1742 et en 1749, et transporta le service dans l'église de Biénac. De son côté la fabrique de cette église était privée de fonds suffisants pour pourvoir aux réparations de la chapelle.

Par décret du 9 septembre 1750, cette vicairie fut supprimée, les titres et les revenus unis à la fabrique de Biénac, où le service devait être fait dans la chapelle de Notre-Dame, aux conditions :

1° Que les syndics fabriciens y feront célébrer, chaque semaine, le mercredi, une messe basse avec deux répons *ne recorderis*, à l'intention des fondateurs, pour l'honoraire desquels répons et messe ils donneront quinze sols, et dans le cas où il se trouverait, le dit jour, quelque empêchement, le syndic fabricien sera obligé d'avertir le seigneur de Graine, lorsqu'il sera résidant au dit château, du jour auquel la messe sera célébrée, pour y assister, si bon lui semble.

2° Le sindic fabricien fera toutes les réparations et décorations nécessaires à la dite chapelle, préférablement aux autres réparations à faire dans la nef ; il fournira aussi tous les ornements et autres choses nécessaires pour la célébration du saint sacrifice dans la dite chapelle, sans que le seigneur de Graine y soit aucunement tenu.

3° Le sindic fera transporter de la chapelle du cimetière ou d'ailleurs quatre tombeaux de la longueur de cinq pieds, ou environ, sur deux ou trois de largeur, pour être placés dans la dite chapelle de Notre-Dame et y servir de sépulture au seigneur de Graine et à ses successeurs, dans la dite seigneurie, sans que le sindic fabricien puisse y faire enterrer personne que du consentement du dit seigneur de Graine.

4° Il sera permis au dit seigneur de placer dans la dite chapelle un banc de la longueur et largeur convenables, et dans un endroit où il ne sera pas incommode au service divin, sans que, pour raison des dits droits de banc et de sépulture, le dit seigneur soit obligé de payer aucune rente ou redevance à la fabrique de l'église, si ce n'est qu'il voulût faire enterrer quelqu'un qui ne fût pas de sa famille, auquel cas il payera les droits ordinaires d'ouverture de fosse.

Finalement, il sera permis au dit seigneur de Graine de faire attacher au mur de la dite chapelle une plaque de cuivre, où seront gravées les conditions de l'union des ressources de la dite vicairie à la fabrique et l'obligation du dit seigneur de lui payer annuellement trois setiers froment, quatre setiers seigle, mesure de Rochechouart, et cinquante livres argent. (1)

Un autre décret du 9 décembre 1750, attendu que la chapelle de Saint Antoine, du cimetière, était en très mauvais état, que par le transfert de l'office, qui devait être acquitté pour la vicairie ci-dessus elle sera désormais inutile, que même étant abandonnée, elle tomberait dans une indécence plus grande que par le passé, ordonne qu'elle sera incessamment détruite et que les matériaux seront transportés et appliqués au profit de la fabrique. (2)

Il est facile de voir et de constater que, malgré le patronage et la présence des seigneurs au château de Graine, la vicairie de Saint-Antoine était souvent abandonnée et que la chapelle tombait en ruines, aucune réparation n'y étant faite. A plusieurs reprises, comme le *Pouillé* le rappelle, il fut fait des tentatives de suppression du service religieux et de démolition de l'église, mais ce n'est que longtemps après cette dernière ordonnance, que l'édifice disparut.

En effet, c'est en 1779 seulement, que le registre de la paroisse de Saint-Julien, de Biénac, porte la mention sui-

____

(1-2) *Pouillé du diocèse.* Nadaud.

vante, et qui est la dernière relative à la fondation de Jean de Roziers et de Simon de Maisonnais, seigneur de Graine.

« Disons que nous avons éteint et supprimé, comme par ces présentes nous éteignons et supprimons, à perpétuité, le titre de la dite vicairie des Rosiers, (1) anciennement fondée pour être desservie en la chapelle du cimetière, sous le titre de Saint-Antoine. Ce faisant, nous avons uni et incorporé, unissons et incorporons, par ces présentes, aussi à perpétuité, tous les fruits et revenus de la dite vicairie, consistant en trois setiers de froment... » En ce point, la page du registre est déchirée et ne permet (2) pas de connaître les obligations du fondateur ou de ses successeurs.

Dans la chapelle du cimetière, on enterrait la plupart des membres de la famille de Graine, et même, après sa destruction, on a continué à inhumer des nobles de cette maison dans l'emplacement même de cette chapelle, comme le mentionnent les registres paroissiaux. Les autres seigneurs de Saint-Palais, de Grenne, recevaient la sépulture dans la chapelle de Notre-Dame, de l'église paroissiale.

En 1687, le 3 avril, le registre paroissial de Saint-Julien porte la mention : Enterrement de dame Anne Valentin, femme de Mr de Saint-Palais, de Grayne, de la Motte, etc., aux tombeaux des ayeux de Monsieur son mary.

En 1694, le 1er janvier : Enterrement de dame Marie de Barbezières, en la chapelle du cimetière de Biennac, aux tombeaux des ancêtres de son mari.

En 1747, le 16 octobre : Enterrement dans la chapelle du cimetière de Biennac, d'un fils de Louis-Pierre d'Asnières, décédé au lieu noble de Villefranche.

En 1779, le 30 janvier : Enterrement d'illustre demoiselle du Doussay, morte en odeur de sainteté, habitante du château de Grayne, etc... et a été inhumée, suivant ses intentions, dans l'emplacement de l'ancienne chapelle du cimetière. »

A la même place, repose le Marquis de la Soudière, et tout à côté on remarque la tombe, attribuée au cardinal de Cramaud, qui a provoqué de si longues discussions.

(1) Il est probable que le nom de Rosiers vient du fondateur de la première vicairie, Jean de Rosiers.
(2) Registre paroissial de Biénac.

Aujourd'hui autour de ces tombes, il n'y a plus que des ruines, indiquant les vieilles murailles de la chapelle de Saint-Antoine.

Dans les registres paroissiaux de Biénac, j'ai trouvé un document que je m'empresse de donner.

23 juin 1713. — « On fit ouvrir, pour porter des fruits, pour appliquer à la fabrique de l'église de Biénac, une terre ou portion de cimetiaire (sic), contiguë au cimetiaire, dont on se sert depuis l'année 1713, par ordre de messire Simon Nauche, curé de Biénac et de Rochechouard, le vicaire étant alors Simon Sadry, et Jacob de la Chaumette, syndic fabricien de la dite église. Les laboureurs furent Léonard de Gouret, avec sa charrue, les métayers du Bâtiment et ceux de M^r de St-Cyr, Jacques de la Thière, de la Chassagne, le Toussou et François Périchon de Puyjoyeux. »

S. SADRY, vicaire.

Allou, dans son ouvrage intitulé : *Description des Monuments de la Haute-Vienne*, s'est occupé de Biénac, de l'église et de la tombe du Cardinal.

Inscription de Biénac (1). — Dans l'église de ce bourg, situé tout près de Rochechouart, de l'autre côté de la Grenne, on remarque une inscription fort longue, très bien gravée et en beaux caractères gothiques, sur une pierre blanche d'environ 2 P. 1/2 sur 2 P. C'est l'acte d'une fondation de quatre vicairies ou chapellenies, instituées dans cette église par Simon de Cramaud, cardinal, né au lieu de Cramaud, près de Biénac. Ce prélat, l'un des hommes les plus distingués qu'ait produits le Limousin, prit une part très active aux discussions que fit naître le grand schisme d'Occident (V. Bonav., pp. 677-689). Il fut patriarche d'Alexandrie et archevêque de Reims, et assista, en 1392, à l'élévation des reliques de saint Louis.

Tombe du même lieu (2). — On voit encore, dans le cimetière de Biénac, la pierre qui recouvrait la sépulture du cardinal, et sur laquelle il est représenté avec la burette et la double croix patriarchale. Cette pierre seule a été déplacée

---

(1) Allou. — *Description des monuments de la Haute-Vienne*, 1821, page 347.

(2) Allou. — *Description des monuments de la Haute-Vienne*, 1821, page 347.

en 1750, à l'époque de la démolition d'une ancienne chapelle où était renfermé le monument. Le cercueil en plomb est resté dans la partie que l'on voit encore à côté.

Près de la tombe, une espèce de fanal octogone, tout à fait semblable à celui de Rancan.

A l'angle sud-ouest du mur du cimetière on remarque une croix en pierre qui a dû appartenir à une sépulture. Elle porte l'inscription suivante :

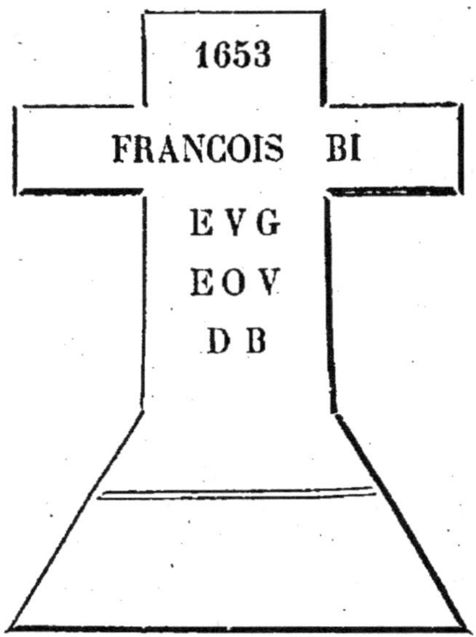

La Lanterne des morts de Biénac

Dans beaucoup de cimetières, il existait un monument, appelé lanterne des morts, ou fanal funéraire. C'est, ordinairement une colonne en pierre, ronde, carrée ou polygonale; creuse à l'intérieur; terminée à son sommet par un petit pavillon ajouré; percée, à sa base, d'une petite porte par laquelle on introduisait la lampe qui devait brûler à son sommet; toujours surmontée d'une croix, et accompagnée ordinairement d'un autel fixe ou portatif. (Abbé Leclerc).

M. l'abbé Leclerc a fait une étude très détaillée et très intéressante sur les lanternes des morts. Il y a joint la nomenclature de tous les monuments qu'il a pu connaître, avec des figures les représentant. Le département de la Haute-Vienne en possède encore dix-neuf, et, sans nous éloigner beaucoup de nous, il nous est facile de voir le fanal de Cognac et celui de Saint-Victurnien.

Le cimetière de Biénac possédait aussi son fanal. (1)

La lanterne des morts de Biénac, que beaucoup de vieillards se rappellent avoir vue en ruines, a fini par disparaître complètement. Sa construction remontait au XIIIᵉ siècle, époque à laquelle fut érigée (1245) la chapelle du cimetière, dite de Saint-Antoine. Il avait la forme d'une colonne octogonale, haute de 7 ou 8 mètres, terminée par une lanterne de pierre, dont les ouvertures regardaient les quatre points cardinaux.

Allou, dans l'album qu'il avait préparé pour accompagner sa description des monuments de la Haute-Vienne, en a donné un dessin que reproduit M. Leclerc dans son ouvrage.

Aujourd'hui, on ne trouve plus rien de ce monument. Les quelques pierres de la base, qui avaient été longtemps respectées, ont à leur tour disparu, et suivi la vieille chapelle de Saint-Antoine, démolie en 1779. C'était du reste auprès de cette chapelle qu'avait été construit le fanal, non loin de la sépulture attribuée au cardinal de Cramaud.

Dévotion à saint Antoine, de Biénac

Loin de moi l'idée de critiquer les pratiques religieuses anciennes ou nouvelles. J'ai trop le respect des libertés d'autrui et trop d'estime pour les profondes convictions qui m'entourent, pour me permettre la moindre allusion désobligeante. Je veux seulement prendre la liberté d'écrire que certaines dévotions nouvelles, qui se sont rapidement propagées, ont eu leurs aînées dans notre pays. Aujourd'hui saint Antoine de Padoue, un peu oublié pendant de longues années, est vénéré dans toutes nos églises, et aucun objet précieux ou non précieux ne peut plus être perdu ; une prière, un vœu au saint tout-puissant font retrouver l'objet. A Biénac, saint Antoine de Padoue avait eu un précurseur dans son bienheureux homonyme, saint Antoine le solitaire, et le saint de Biénac avait un pouvoir céleste, qui n'était pas moindre que celui de saint Antoine de Padoue. Il n'usait pas son influence à exaucer

(1) L'abbé Leclerc. — *Etude sur les Lanternes des morts.*

des vœux et à faire retrouver les objets perdus, mais son rôle n'en était pas moins utile : il aidait à recouvrer la santé, compromise par certaine maladie. C'était, il est vrai, un bien précieux, perdu ou égaré, et peut-être les deux saints rivalisaient-ils et se complétaient-ils, en rendant service aux humains distraits et souffrants.

Saint Antoine le solitaire était vénéré à Biénac, aux siècles passés. La chapelle du cimetière, vicairie de Rosiers, détruite en 1779, était sous le vocable de saint Antoine, et dans l'église paroissiale, il y avait un autel dédié à ce saint.

A Biénac même, M. Laloi, marchand de vins, possède une statuette en bois de ce saint ermite et de son fidèle compagnon. Elle provient certainement de l'autel d'une des deux chapelles. Il n'est donc pas étonnant que les habitants de la paroisse aient une dévotion particulière pour leur saint patron.

Les registres paroissiaux, au 17e siècle, vont m'en fournir la preuve.

3 mars 1631. — « Jehan Boudeaud et André Mallet, jeunes enfants, ont faict vœu à saint Anthoine, de Biénac, pour trois ans, à cause de certaine maladie. »

17 juin 1632. — « Marie Boudeaud, de la ville de Rochouard, a faict vœu à saint Anthoine, de Biénac, pour trois ans. »

1er juin 1632. — « Françoise Gady et Léonard du Colombier ont faict vœu à saint Anthoine, de Biénac, pour trois ans, de faire célébrer une messe, et, pour les dits trois ans, chasque année, trois deniers de ranthe, affin de guérir de la maladie pour laquelle elle a faict vœu. »

Ces quelques documents établissent que saint Antoine était en grande vénération à Biénac et que sa puissance était consacrée dans l'esprit des paroissiens. Mais il m'a été impossible d'apprendre pourquoi le vœu était de trois ans, et je n'ai pas été plus heureux pour trouver quelle était la maladie spéciale, pour laquelle on l'invoquait. Enfin j'ignore également pourquoi ce saint modeste avait acquis, à Biénac, cette réputation, sans aucun doute, bien méritée et bien justifiée.

Les Reinages, à Biénac, au 17ᵉ siècle

Dans le bulletin de la Société archéologique de la Corrèze (siège à Brive), de juillet-septembre 1891, M. de Nussac a publié une curieuse et intéressante étude sur les reinages en Limousin.

Notre excellent collègue et ami, M. d'Abzac, a également recueilli des notes sur les reinages à Biénac. Il ne m'en voudra pas de donner, à mon tour, ce que j'ai trouvé sur ces royautés éphémères, dans la même paroisse ; cette petite étude entrant dans le cadre que je me suis tracé.

Tout d'abord, je vais expliquer ce qu'on entendait par *reinages*, et je ne saurais mieux faire que de demander à M. de Nussac lui-même la définition qu'il en a donnée : « Le reinage consiste en la nomination et la consécration de plusieurs dignitaires, comprenant entre autres, un roi et une reine, d'où le mot reinage ; l'acte de royauté est de présider une fête, principalement une fête patronale, une frairie, *frérie*, comme on l'écrivait jadis en Limousin, ou une confrérie religieuse. »

« Les dignités du reinage, purement honorifiques, sont mises à l'enchère. Parfois, elles sont achetées à beaux deniers, etc. »

A Biénac, comme on va le voir, on disait le *reynat*. Il y en avait au moins deux, présidés par un roi et une reine, et correspondant à deux confréries ; celle de Saint-Julien, patron de la paroisse, et celle de la Nativité de Notre-Dame.

Le reynat se mettait aux enchères, chaque année. Le prix consistait dans des livres de cire et dans des sommes d'argent destinées souvent aux réparations de l'église.

Les registres paroissiaux font mention du reynat de ces deux confréries (1).

Le 30 août 1637. — « A été délivré le reynat, pour l'an 1638, à 15 ll. à la réparation de l'église, à 12 ll. pour faire une bannière, à Guilhem de Romaignat. »

Le 22 août 1638. — Damoyselle Marguerite de la Chapelle, fille de M. et Mad., a été nommée reyne de la confrérie de

---

(1) Archives de la Mairie de Rochechouart. Registres paroissiaux de Saint-Julien de Biénac.

la Nativité de Notre-Dame, et ont promis, pour elle, 6 ll. cire, et ce pour la présente année. »

Le 29 août 1639. — « Léonard de Lagarde, du village des Bordes, promit, pour estre roy de la frairie de Saint-Julien, l'an prochain, qu'on contera (sic) 1640, la somme de 8 livres, 5 sols, (caultion Pierre Delaire), et ce pour la réparation de l'église ; signé : Chazaud, curé. »

Le 30 août 1640. — « Me Léonard du Colombier, chirurgien du bourg de Biennac, après avoir entendu crier par plusieurs fois au reynat de la confrairie de Monsieur St-Julien pour l'année 1641, a enchéry aux réparations de l'église de Biennac, pour ledit reynat, la somme de 3 ll. et veut et entend que Guilhen du Colombier, son fils aîné, soit roy et a signé avec les dénommés. »

Il existe encore, à Biénac, une famille Jallajas, qu'on dénomme chez *le Roi*. Il est probable que cette appellation vient de quelque reynage, où un membre de cette famille fut nommé roi de la confrérie.

Dans notre pays et peut-être dans chaque paroisse, il y avait des confréries, ayant la même organisation. M. Etienne Rayet, dans un excellent ouvrage, intitulé *Monographie d'une paroisse ; Oradour-sur-Vayres*, donne des renseignements sur la confrérie du Très-Saint Sacrement qui existait à Oradour. Cette confrérie comprenait un certain nombre de confrères et de sœurs de la confrérie, qui élisaient un roy, un daufin, une daufine, un porte-banière, un porte-croix, des porte-bastons, des porte-pavillons et des bailles. Je n'ai pas eu le bonheur de retrouver pour Biénac les listes des confrères des deux associations qui ont existé dans cette paroisse.

Le château de Grenne

A Biénac, la maison noble porte le nom de château de Grenne. Ce château, qui a aujourd'hui l'aspect d'une grande maison bourgeoise, avait autrefois les caractères d'un logis de gentilshommes. Mais le temps est passé sur ses vieux murs, et, pendant de nombreuses années, les réparations, que ses antiques murailles demandaient, leur ont été refusées. Cependant, en 1863, la vieille façade menaçait ruine, et Mme la marquise de la Soudière la fit démolir et reconstruire. A cette époque, sous la première pierre, on déposa une boîte contenant un spécimen des pièces de monnaie en cours dans l'année. Sur la muraille du côté de l'est on plaça également une plaque en porcelaine, portant cette inscription : « A été rebâtie, le 21 mai 1863, la façade du château de Grenne ».

Cette façade étant moderne, n'a rien de curieux. Elle se compose d'un rez-de-chaussée et d'un premier étage avec cinq grandes ouvertures rectangulaires à chaque étage.

Dans l'intérieur, les appartements ne présentent d'intéressant que quelques montants de belles cheminées en granit sculpté. Du côté est, après avoir pénétré dans la vaste cour, on accède au château, par une grande porte, surmontée d'un écusson, vierge d'armes, et on se trouve dans une grosse tour rasée, qui sert de cage à un bel escalier. Cet escalier, en hélice est en pierres et en bois, chaque marche étant formée d'un énorme bloc. A chaque étage, on pénètre dans des appartements, nombreux, irréguliers et mal disposés. Quelques vieux meubles sont encore dispersés dans quelques chambres. Au faîte, on entre dans les combles, et là l'œil se réjouit à la contemplation d'une admirable charpente, refaite, il y a quelques années, d'après l'ancienne, et ressemblant en petit à celle du château de Rochechouart. (1)

Dans les vastes cuisines se trouvent des plaques de cheminée très belles, armoiriées sur toute leur surface.

Le château de Grenne est très-bien situé. Formant un grand rectangle, à façade principale, tournée au midi, il présente, à l'est, un corps de bâtiment irrégulier et mal construit. C'est à l'intersection de ce bâtiment et du principal corps de logis que se trouve la tour de l'escalier.

D'autres constructions irrégulières remontent à des époques différentes et entourent, pour ainsi dire, le principal corps de logis.

A l'angle nord-ouest de celui-ci se trouvent encore les ruines d'une grosse tour. Enfin, un peu plus au nord, sur le bord d'un canal étroit, on aperçoit les restes d'une autre tour, aux épaisses murailles, qui devait dépendre des fortifications, dans des temps reculés.

---

(1) Dans une grande salle, au rez-de-chaussée, le manteau de la cheminée, en granit, porte les armes brisées des d'Asnières ; d'argent aux trois croissants de gueules.

La cour est vaste. On y accède par un grand portail et par une petite porte, armée de son lourd marteau. Dans la cour sont des logements de colons et des granges.

Le point culminant, où est situé le château, est entouré de vieilles murailles, qui forment un jardin, et le bâtiment domine une vue immense, qui n'est masquée que vers le nord-est. Rochechouart et son château apparaissent complètement à découvert, et une pente douce repose les yeux vers l'immense prairie qui descend jusqu'au ruisseau des Morts.

L'église est proche et le bourg se développe à côté.

Maison noble de Villefranche

A l'autre extrémité du bourg de Biénac, se trouve la maison noble de Villefranche, où vivait la branche des d'Asnières de Villefranche. Au fond d'une vaste cour, on voit une maison d'habitation, ornée d'un pavillon. Ces bâtiments ont été réparés et ont perdu leur caractère. Les appartements eux-mêmes ont été séparés par des cloisons et les vastes chambres d'autrefois ont disparu. Dans la principale salle, aujourd'hui bien réduite dans ses dimensions, on peut voir un beau manteau de cheminée, en granit, portant les armes mutilées des anciens maîtres. Un vaste salon s'ouvre sur les jardins. Quelques chambres sont au premier étage. Il ne reste d'ailleurs aucun souvenir des anciens habitants.

La maison de Villefranche appartient aujourd'hui à Mme Tenant, qui l'a transformée en coquette habitation de campagne, toute meublée et prête à recevoir des hôtes.

L'abbaye des Cailloux-Blancs

ALBIS PETRIS

Si l'on pénè a dans le centre de la forêt de Rochechouart, non loin de Villeneuve, on trouve quelques ruines, les traces d'un petit souterrain, deux dalles portant des croix de Malte, une source abondante. Ce lieu, appelé des Cailloux-Blancs, autrefois Albis petris, n'est plus aujourd'hui qu'une riche carrière, d'où l'on extrait le beau quartz qui pave nos routes,

Cependant, au XIII° siècle, là vivaient des religieuses, retirées des bruits du monde. Mais la solitude était si grande que le couvent ne persista pas plus d'un siècle. Ce prieuré n'est mentionné dans plusieurs titres que de l'an 1214 jusqu'en 1337. Mais la fontaine s'appelle toujours fontaine de l'Abbaye.

Dans un acte informe, il est dit que Simon de Rochechouart, archevêque de Bordeaux, sacra l'autel de Albis petris, ordre de Grandmont, le samedi après la Purification, 1277, à l'honneur de la sainte Trinité, sainte Marie Vierge, les saints apôtres Pierre, André, Thomas, martyr, sainte Catherine, saint Nicolas, confesseur. Pierre Brachet, clerc de Roche chouart, donna à la prieure et moniales de la maison de Albis petris, ordre de Grandmont, une vigne appelée des Eschandoneys, dans le vignoble de Rochechouart, entre la vigne de l'aumônerie de Rochechouart et celle du prieur du monastère de Rochechouart, l'an 1272 (1).

Un bénitier en granit a été trouvé à l'Abbaye et se trouve chez M. Monjoffre, à Villeneuve.

Aucun document ne mentionne la disparition de l'abbaye des Cailloux-Blancs. On sait qu'elle a existé, quel était l'ordre des religieuses et on connait l'époque où l'autel fut sacré. Mais aucun autre renseignement n'est parvenu jusqu'à nous.

Cramaud

Le hameau de Cramaud, situé sur un coteau dont le pied est baigné par la Grenne, et en face de Biénac, a eu son heure de célébrité. C'est là le pays d'origine du cardinal Simon Tizon de Cramaud. Cet illustre prélat était né au château de Cramaud, et, pendant plusieurs siècles, la famille des chevaliers et barons de ce nom habita ce domaine. Dès le 16° siècle les Cramaud s'éteignent et on ne trouve plus de traces de ces gentilshommes. Le château devait être beau, la famille étant puissante, et auprès du château était une chapelle.

Aujourd'hui tout a disparu. A peine trouve-t-on quelques vestiges de murailles, encombrées de ronces, indiquant l'em-

(1) Archives des religieuses du Châtenet, près Limoges.

placement de l'antique demeure. Le souvenir s'est pourtant perpétué jusqu'à nous et les vieillards indiquent toujours le lieu où s'élevait l'édifice. Ils disent : la terre cardinale ou du château. Je ne parlerai que pour mémoire de la légende, racontée par M. le curé Duléry. A l'époque de la démolition du castel, les matériaux, chargés sur une charette, trainée par deux bœufs blancs auraient été destinés à la construction de l'église de Biénac, et ces bœufs auraient fait chaque jour, sans conducteur, le trajet de Cramaud à Biénac. Les traces de la chapelle ont également disparu, mais une pièce authentique, l'acte de fondation, nous permet de connaître la date exacte où fut créée cette chapelle. L'acte est du sixième jours des ides d'avril 1254. Il contient les noms des fondateurs et les obligations imposées au chapelain et aux seigneurs de Cramaud. Ecrit en latin, il est très curieux et très intéressant. Je le donnerai en entier, mais je tiens à en extraire quelques passages, afin de le mettre à la portée de ceux qui ne connaissent que la langue française.

« Nous faisons insérer dans cet acte les éloquentes lettres à la bonne mémoire de Durand, autrefois évêque de Limoges, non abolies, non supprimées en partie, scellées de son sceau vrai et intact...

« Durand, par la miséricorde divine, évêque de Limoges, à tous ceux qui verront ces lettres, salut dans le Seigneur. Tous apprendront que, de la volonté de notre bien aimé clerc, P. Gren, chapelain de l'église de Biénac, nous avons donné à Joubert, chevalier, et P. de Cramaud, damoiseau, frères, l'autorisation de construire une chapelle à Cramaud, à l'usage propre des maisons de ces frères et de leurs héritiers et successeurs.

« Le chapelain de Cramaud ne pourrait pas entendre en confession, ni donner les sacrements, si ce n'est en extrème nécessité.

« Les frères de Cramaud seraient tenus de venir entendre les offices divins à l'église paroissiale, ainsi que leurs épouses et leurs successeurs, habitant le lieu de Cramaud, les jours de Pâques, de l'Ascencion, de l'Assomption de la sainte Vierge, de la fête de saint Martial et de saint Julien et de tous les saints et le lendemain, à la Nativité de Notre Seigneur, le jour de l'Epiphanie, le jour de la fête de la Consécration de l'Eglise et le jour de la Purification de la sainte Vierge. Les frères de Cramaud devront alors rendre les droits paroissiaux au chapelain...

« Donné à Limoges, le VI des ides d'avril, l'an du seigneur 1254, et, en témoignage, fut apposé sur les présentes lettres le sceau de la cure de Limoges. »

Signé : BONETUS.

Le Bâtiment

Dans la paroisse de Biénac, sur les bords de la forêt de Rochechouart, à quelques kilomètres du bourg de Biénac, on remarque un étang desséché, les ruines d'une chapelle, de vastes bâtiments et des pans de murs, qui semblent avoir entouré un parc immense. C'est le Bâtiment.

L'origine de ce lieu n'est pas exactement connue. C'est seulement en 1604, que Jean III de Rochechouart-Pontville, fils de Louis de Rochechouart et de Madeleine de Bouillé, prit le titre de baron du Bâtiment, seigneur de Saint-Cyr et de Chaillac. (1) Ce seigneur se fixa dans ce château, et sa descendance y vécut jusqu'en 1746. Il est probable que le château existait déjà et appartenait aux vicomtes de Rochechouart-Pontville, dont un cadet fit son apanage. A la période révolutionnaire le château et ses dépendances furent vendus par la nation, et peu à peu les ruines ont remplacé le château et la chapelle.

Aujourd'hui, il reste peu de choses de la résidence seigneuriale. Des métayers sont logés un peu partout, dans les anciens locaux. Il existe cependant encore des vastes fenêtres en forme de croisées, mais la plupart sont murées en partie ou en totalité. Quelques grandes chambres servent d'abri aux paysans, et, si les plafonds sont encore intéressants par leurs poutrelles régulières, les cheminées n'ont rien conservé de leur ancien caractère. On ne rencontre aucune tourelle, aucun pignon pointu, indiquant un logis important, habité par des

(1) Sur les murs de l'église de Chaillac et de la chapelle de Notre-Dame de Beaumoussou on trouve encore quelques pierres sculptées portant les ondes de la Maison de Rochechouart.

gentilshommes : le temps et les hommes ont accompli leur œuvre de destruction.

La chapelle, qui n'est plus qu'un amoncellement de ruines, semble remonter au XVIe siècle. La voûte est détruite et quelques peintures apparaissent encore sur les murailles, mais elles s'effacent de jour en jour, maltraitées sans cesse par le vent et la pluie.

Cette chapelle est située à côté de l'ancien château, dont elle formait une aile, et près de l'étang, qui aujourd'hui est desséché. De forme rectangulaire, elle mesurait 15 mètres de longueur sur 6 de large, et les murailles ont 1 mètre d'épaisseur. Le chevet, situé au nord, a complètement disparu. Le côté ouest présente une jolie porte carrée, en granit, dont les montants sont canelés. Un peu au-dessus de cette porte et à gauche s'ouvre une charmante fenêtre, géminée, avec colonne centrale et tympan ouvragé, de forme ogivale. A peu près en face, du côté de l'est, il existe une baie, fermée de pierres, qui devait être une fenêtre semblable à la précédente. L'autel était situé au nord. A droite, du côté de l'est, on trouve encore un niche, veuve de sa statue, et à la base de cette niche on voit toujours la pierre creusée, en forme d'évier et munie de son canal, où l'on versait les eaux durant la célébration de la messe et pendant les baptêmes.

Le mur du midi, conservant encore les couches de plâtre qui blanchissaient l'enceinte, présente deux ouvertures égales, bordées de granit et cintrées. Actuellement ces baies sont remplies par des pierres. Pour me rendre compte de l'utilité de ces ouvertures, j'ai visité le corps de bâtiment adjacent. Au premier étage, je suis entré dans une vaste chambre, et près d'une grande fenêtre en forme de croix, j'ai trouvé une porte étroite, voûtée, pénétrant dans un appartement.rectangulaire, dont les murs portent encore les traces de peintures. Ces peintures, de couleur vert clair, imitent des boiseries, depuis le bas jusqu'au haut de la salle. Les deux baies, donnant dans la chapelle s'ouvrent précisément dans cette chambre. Evidemment, là était la tribune, d'où les barons assistaient aux offices religieux. Ils se trouvaient ainsi en face de l'autel et séparés des paysans, qui avaient accès dans la nef.

La cloche de cette chapelle a seule survécu intacte, à l'encontre de bien des églises, dont les clochers sont veufs de leurs cloches. Celle-ci, plus heureuse que ses sœurs, a résisté au temps et à la Révolution, et les propriétaires du Bâtiment l'ont placée au faîte des ruines et l'ont honorée d'un petit clocheton en bois. Il est vrai que cette bonne cloche a des vertus, elle chasse et disperse, paraît-il, l'orage et la terrible grêle, et pendant la tempête les paysans ne manquent pas de la sonner avec violence. Le son argentin du bronze se mêle au bruit du tonnerre.

Dans la chapelle du Bâtiment, on procédait aux baptêmes et probablement aussi aux mariages. Ces cérémonies étaient présidées par le chapelain du château, ou par un des prêtres de Biénac.

Le 28 avril 1634, les registres paroissiaux font mention du baptême de Guillaume, fils de Me Léonard du Colombier, chirurgien.

Le 20 avril 1636, on baptise Honorette, fille de Me Poncet Brachet, notaire, et de Marie Coquilhaud, demeurant au château du Bâtiment. Parrain : Me Jean du Colombier, notaire au Bâtiment.

Au Bâtiment, outre le baron et sa famille, les habitants étaient nombreux. Il y avait des notaires, des chirurgiens et des receveurs, sans compter tout le personnel attaché aux grands domaines.

Le 11 mai 1699, dans l'église de Biénac, on voit le baptême de Pierre Descubes, fils Mre Jean Descubes, sieur de la Laurencie, et de Suzanne de Fayolle, sa femme, demeurant au château du Bâtiment.

Le 14 août 1742. — « Enterrement de messire Bertrand, vicomte de Rochechouart, époux de dame Julie-Sophie de Jars, à l'âge de 63 ans ; le corps duquel a été porté du château des Bastiments, en l'église paroissiale, où l'office a été fait par moy, soussigné, et conduit ensuite au couvent du Châtenet, pour y être enterré. » Signé : Pouliot, curé de Chaliat ; Mathieu, curé de Videix ; Gamon, curé de St-Gervais ; Pouliot, prêtre ; Nadaud, prêtre, vicaire de Rochechouart ; Marquet, prêtre, vicaire de Biennac ; de Marcillac, curé de Biennac et de Rochechouart, son annexe.

Le vicomte Bertrand fut le dernier baron du Bâtiment. Sa sœur, la vicomtesse Marie, vécut encore dans le château, et mourut en 1746, n'ayant jamais été mariée.

Le premier baron du bâtiment fut Jean III de Rochechouart-Pontville, né en 1604, au château de Rochechouart. Il épousa Anne de Tiercelin. (1)

De ce mariage sont nés Jean, qui suit, et Marie, qui épousa Jacques Dupin, seigneur de Bussières, fils de Suzanne de Grandsaigne.

Jean IV épousa, en 1635, Marie de Mars, dont il eut trois enfants : Louis-Joseph-Victor, et Louise et Marie, qui furent religieuses à Puyberland.

(1653). Louis-Joseph-Victor épousa, en premières noces, Marie des Cars, dont il eut un fils, François de Pontville, qui épousa sa cousine, Marie d'Epinay-Saint-Luc, comtesse de Rochechouart, et redevint vicomte de Rochechouart et propriétaire du château. Le vicomte François eut aussi quatre frères ou sœurs. L'un mourut, capitaine de cuirassiers, à la bataille de Turin, en 1706, un autre fut chevalier de Malte. Sa sœur, la vicomtesse Marie résida au Bâtiment et mourut en 1746. Son dernier frère, le vicomte Bertrand, né en 1680, entra d'abord dans les ordres, puis il suivit la carrière des armes et se maria, le 3 août 1723, avec sa parente, Sophie-Julie de Jars, fille d'Alexandre de Rochechouart, marquis de Jars.

De ce mariage, naquirent deux enfants : un fils, mort jeune, au séminaire, et une fille, Louise-Alexandrine, qui se maria, en 1749, avec Armand-Jacques du Pin de Chenonceaux, fermier-général.

Le vicomte Bertrand étant mort en 1742, la branche des barons du Bâtiment était éteinte. (2)

Les premiers gentilshommes de Biénac : Les Prunh, les Paute, les Cramaud, les Grana.

Pendant les XIIIe, XIVe et XVe siècles, et même durant la première moitié du XVIe, ces quatre familles étaient

(1) *Histoire de la Maison de Rochechouart*, par le Général de Rochechouart.

(2) Les registres paroissiaux de Biénac mentionnent qu'un M. Bourdon habite le château du Bâtiment, et qu'il remplace plusieurs fois Alexandre de Rochechouart, enfant, dans des baptêmes. Il est natif d'Argencourt, diocèse d'Amiens, et se marie à Biénac, le 5 octobre 1734. Le jeune Alexandre ne sait pas encore signer, et plusieurs fois on rencontre la mention indiquant qu'il ne signe pas, « à cause de ses tendres ans ».

puissantes dans la vicomté de Rochechouart et possédaient la plus grande partie de leurs biens dans la paroisse de Biénac.

Monsieur le curé Duléry a écrit, à tort, que les Prunh, les Paute, les Cramaud, avaient été les premiers seigneurs de Grana. Dans le Recueil de dom Vieilleville et dans les pièces des Archives de la Vicomté, aucun de ces seigneurs ne prend le titre de seigneur de Grana. En même temps d'ailleurs vivaient les véritables seigneurs de Grenne.

Le Général de Rochechouart dans l'Histoire de sa Maison, exprime de sincères regrets de n'avoir pas pu, au-delà du XVIe siècle, trouver des traces des Prunh et des Cramaud, qui avaient été tout dévoués à sa famille.

Les Prunh

Je trouve des Prunh, seigneurs de Puyjoyeux, reconnus comme tels par le vicomte de Rochechouart, en 1346.

En 1290, Emeline de Prunh, est veuve d'Aymeric de Prunh.

En 1283, Jean de Prunh, était prévôt de la ville de Rochechouart.

En 1331, Jean de Prunh, est garde du scel à Rochechouart.

En 1333, un acte de vente porte que Jeanne de Gorre est veuve de Pierre de Cramaud, et fait une session à Pierre de Prunh.

Dans les actes concernant cette famille, sont souvent mêlés les noms des Châteauneuf, des Morier et des Paute. Ainsi, en 1260, Marie Morier, épouse Jean de Prunh. En 1330, Luce de Seschart, épouse Jean de Prunh. (1)

En 1347, Messire Jean de Prunh, chevalier, assure tenir fief-lige de messire Jean, vicomte de Rochechouart, son hébergement de Puyjoyeux, et l'usage que le vicomte luy avait accordé en sa forêt d'Aubes-Pierres (par acte du 15 may 1347).

En 1375, Louis, vicomte de Rochechouart, établit Guillaume

(1) Le village de Prunh est situé paroisse de Vayres, et, avant la Révolution, la comtesse de Rochechouart y touchait encore des dîmes.

de Prunh son sénéchal et capitaine de son châtel.

En 1495, Guillaume de Montrebœuf, damoiseau, est dénommé seigneur de Prunh, et rend hommage de son hôtel de Prunh, sis à Rochechouart.

En 1544, Jean de Prunh est chevalier, conseiller du Roy et sénéchal de la vicomté.

Aujourd'hui, à Puyjoyeux (1), on voit encore les restes d'une grande maison, dont le mur en façade, a été, en grande partie, rebâti. A la hauteur du premier étage, il persiste une fenêtre, à plein cintre, en partie détruite, mais qui paraît remonter au moyen-âge. Là, disent les paysans du village, habitaient autrefois des nobles.

En 1346, un codicille d'Itier de Prunh, damoiseau, confirme son testament et nomme Philippote de Crézen, sa femme, tutrice de ses enfants.

En 1383, Jean de Prunh, chevalier, est l'époux de Joyeuse de Rochefort.

En 1357, Jourdain de Prunh est marié à Jeanne Paute.

Dans la commune de Vayres, il existe le village de Prunh, qui faisait partie du fief de ce nom.

Il est permis d'affirmer, d'après des documents, que les Prunh avaient un hôtel dans le quartier des Prières. L'acte d'accensement, de 1339, des fours banaux aux consuls, l'indique clairement, puisque ces fours étaient dans ce quartier, situés entre les maisons de Jean de Prunh ou Prin, et d'Aimery Raynaud.

Sur une porte d'une vieille maison, dans ce même quartier, rue du Pic, se trouve encore une pierre, sur laquelle on lit une inscription gravée en gros caractères, portant la date de 1509 et le mot PRIN Était-ce là l'hôtel de Prin ou Prunh ? ou cette pierre a-t-elle été changée de place et déposée là par hasard ? Je ne saurais le dire. Il n'est cependant pas permis de douter de la présence, dans le quartier des Prières, de quelques maisons ayant appartenu aux Prunh. Les pièces du Recueil de dom Vieilleville et des Archives de la Vicomté le prouvent plusieurs fois et d'une façon évidente.

(1) Le village de Puyjoyeux est situé paroisse de Biénac.

Les Paute

Les Paute semblent former plusieurs familles, bien distinctes. Une branche comprend les Paute, seigneurs de la Brousse, ou de la Brosse, paroisse de Chassenon. Une autre est la branche des Paute, seigneurs du Boucheron, paroisse d'Oradour-sur-Vayres.

En 1365, il existe un acte d'échange entre Etienne Paute, seigneur de la Brousse, et Hélie Paute, seigneur du Boucheron. En 1323, apparaît un Aymeric Paute de la Porte. La même année, 1323, Hélie Paute est garde du scel, à Rochechouart. En 1347, on trouve un acte de vente par Péricaud Paute de Chambos. En 1291, Guy Paute du Poët, damoiseau, fait une vente, au profit de Guy Paute, chevalier de Saint-Astier, en Périgord.

Les Paute tenaient en fief leurs biens dans la vicomté de Rochechouart.

Un rôle de 1366 le constate. En 1346, Jean Paute de la Porte avait des dismes situées dans la paroisse de Biénac. En 1334, Foulques Paute vendait 10 sols de rente sur le mas de Villegoureix. En 1311, Jourdain Paute, damoiseau, possédait une disme de vin dans la ville de Rochechouart et dans le bourg et la paroisse de Biénac.

Il est à croire que ces Paute, en disparaissant au XVIe siècle, ont laissé certainement des traces. En effet, le Moulin-Paute est situé dans la commune de Videix. Or, ils étaient propriétaires dans cette région. En 1337, Geoffroy Paute, chanoine de Limoges, par son testament, donne à son petit-neveu, Geoffroy Paute, seigneur du Moulin, sa maison avec les dépendances et les meubles, située à Rochechouart, sa vigne des Côtes, le mas de la Martinie, le mas du Bost, paroisse de Vayres. En 1311, Jourdain Paute possédait 12 setiers et une émine de seigle, 20 ras d'avoine et 2 sols de rente dans le bourg et paroisse de Vidays. En 1322, Pierre et Jean de Châteauneuf cèdent à Geoffroy Paute la borderie de la Besse, paroisse de Chéronnac, le mas de la Martinie, paroisse de Vayres, etc.

En 1567, Pierre Paute, seigneur de la Brosse, demeurant à la Brosse, paroisse de Chassenon, cède à Olivier Paute, écuyer, ses droits sur le Bonnétève, sur des territoires situés dans le bourg de Pressignac, les villages de Machat, des Moliéras, de Bourneys et de la Pelladye.

Plus tard, le Moulin-Paute est toujours un lieu noble, et vers la fin du XVIIe siècle, vivait Robert d'Asnières, écuyer, seigneur de Maisonnais et du Moulin-Paute, paroisse de Videix. Il avait épousé Marie de Crozan-Paute, dame de Saint-Palais. De ce mariage naquirent plusieurs enfants. Un fils fut Robert d'Asnières, seigneur de Maisonnais, de Saint-Palais, du Moulin-Paute, du Pont-du-Château, de Graine et autres places. Sa sœur, Henriette d'Asnières, épousa son cousin au 2e ou 3e degré, Charles Guillot du Doussay, dans la chapelle du Moulin-Paute, le 16 septembre 1722.

Un autre Jean d'Asnières, écuyer, seigneur de Saint-Palais, avait épousé Louise de Crozan-Paute, le 29 avril 1705.

Enfin, les Guillot du Doussay possédèrent le Moulin-Paute jusqu'à la Révolution. L'an VI de la République, il fut fait une visite domiciliaire au dit château, afin de rechercher M. Guillot du Doussay, qui avait disparu.

Les Cramaud

Les Cramaud vivaient en même temps que les Prunh et les Paute.

Leur château était au village de Cramaud, paroisse de Biénac. Ils étaient damoiseaux, écuyers, clercs, chevaliers et barons. Je ne retrouve rien indiquant qu'ils aient eu des charges importantes dans la vicomté de Rochechouart. Ils y ont pourtant joué un rôle et ils étaient nobles. Ils portaient d'azur à la bande d'or, avec six merlettes de même, rangées en orle.

Leurs domaines étaient situés dans la région de Biénac et de Rochechouart, et ils les tenaient en fief du vicomte. Aujourd'hui encore, à Cramaud, les habitants connaissent la terre *du château ou du cardinal*, et pourtant il ne reste plus rien de l'ancienne demeure des châtelains.

Le *Recueil* de Dom Vieilleville, et les *Archives de la Vicomté*, renferment de nombreuses pièces, qui constatent les relations d'affaires fréquentes entre les Cramaud, les Prunh et les

Paute. Il semble que ces trois maisons étaient, pendant trois siècles, d'égale puissance et d'égale fortune.

Plusieurs mariages ont uni ces trois familles. En 1356, un acte de vente indique que Jourdain de Prunh, damoiseau, était marié à Jeanne Paute de la Porte. En 1337, c'est Jourdain de Tizon, qui a épousé Marguerite Paute.

En 1323, dans un acte de vente, Marguerite de Saliac est indiquée comme veuve de Guy de Cramaud. En 1333, Jeanne de Gorre est veuve de Pierre de Cramaud.

En 1334, Pierre de Cramaud, damoiseau, a épousé Amélie de Tizon, fille de Nicolas Tizon de Brigueil. Ce fait me porte à croire que la famille de Cramaud a ajouté le nom de Tizon à celui de Cramaud, seulement après ce mariage.

Ce mariage fait également naître des doutes dans mon esprit, à propos du nom de la mère du Cardinal de Cramaud. Le cardinal, en effet, d'après les histoires locales, serait né à peu près à cette époque, c'est-à-dire, vers le milieu du XIV° siècle, et il aurait eu pour mère Marthe de Sardène, dame du château de Solignac, et pour père Pierre de Cramaud, damoiseau. Or, à ce moment, vivait à Cramaud un châtelain, qui s'appelait Pierre de Cramaud, et dont le contrat de mariage avec Amélie de Tizon porte la date de 1334. Cette coïncidence est au moins bizarre. Ou le cardinal Simon Tizon de Cramaud est le fils de Pierre et d'Amélie de Tizon, ou, en même temps, vivait un autre Pierre de Cramaud, qui avait épousé Marthe de Sardène.

Quel que soit le nom de sa mère, le cardinal de Cramaud a été le personnage le plus illustre de sa famille, et, dans tout le pays, il a laissé un souvenir ineffaçable, que les légendes mêmes ont effleuré.

Les Grana ou Grenne

J'ai dit que M. le curé Duléry avait eu tort d'écrire que les Cramaud, les Paute et les Prunh, avaient été les premiers seigneurs de Grana.

En même temps que ces familles étaient les premières du pays et possédaient de nombreux revenus, dans la paroisse de Biénac et à Rochechouart, il y avait à Biénac, une famille de Grana ou de Grenne. Les seigneurs de Grenne existaient et de nombreux actes prouvent que cette famille était au moins l'égale des trois précédentes et n'était pas dans leur dépendance.

En 1334, Isabelle de Prunh, veuve de Pierre de Jussac, fait une vente, à Pierre de Grana, du droit qu'elle percevait, tous les vendredis, sur le sel, qui se vend dans le marché de Rochechouart.

En 1355, il est fait mention, dans un acte, de Philippie de Grane et de Pierre de Grane.

En 1366, c'est Adhémar de Grane, damoiseau de Biénac, qui fait une obligation, au profit de Guillaume de Prunh, damoiseau de Rochechouart.

En 1372, Adhémar de Grane, fils de Pierre de Grane, chevalier, fait une vente à Gérald de l'Ecubillou.

En 1355, Jean de Grana, damoiseau, est témoin dans un traité, passé entre les frères de la Couture et Jean de Prunh.

En 1331, Pierre de Grane est prieur du Châtenet.

En 1351, Jean de Grane fait hommage à Jean de Rochechouart, pour plusieurs objets, dans la paroisse de Biénac.

Quoi qu'en ait écrit M. le curé Duléry, il y avait bien des seigneurs de Grana, Grane ou Grenne, absolument indépendants des seigneurs de Cramaud, des seigneurs de Prunh et des Paute, seigneurs de la Porte, du Boucheron et de la Brousse. Ces quatre maisons, qui comprenaient plusieurs branches, vivaient, en même temps, possédaient des terres dans la même région et faisaient souvent ensemble des transactions, sous le haut patronnage du seigneur suzerain, le vicomte de Rochechouart. (1)

Les Prunh et les Cramaud ont disparu à peu près en même temps. Les Paute ont probablement changé de nom et sont devenus du Moulin-Paute. Peut-être même se sont-ils mêlés aux Grana, car au dix-septième siècle une branche des Grane prend le titre de seigneurs du Moulin-Paute.

(1) Ces notes sur ces différentes familles m'ont été fournies par les pièces du *Recueil* de dom Vieilleville, et d'autres pièces extraites des *Archives de la Vicomté* de Rochechouart, dont quelques-unes m'ont été gracieusement données par M. Étienne Rayet, d'Oradour-sur-Vayres.

Quant aux Grana ou Grenne ils ont persisté jusqu'à nos jours, sous le nom patronymique d'Asnières. Cette nombreuse famille présenta toujours une branche, appelée d'Asnières de Grenne et qui habita le château de ce nom, à Biénac.

Mais les d'Asnières étaient connus sous des titres bien différents et formèrent ainsi des branches distinctes. Les registres paroissiaux de Biénac m'ont permis de relever les d'Asnières de Grenne, de la Chapelle, de Maisonnais, de Villefranche, de Villechenon, de Villeneuve, de Chabrignac, de la Rivière, de la Reille, de la Fond, de Boreille, du Moulin-Paute, de Saint-Palais, de la Redortière.

D'Asnières

Il semble que les premiers seigneurs de Grana, ou de Grenne, ou de Grayne, ont porté ce titre unique jusqu'au XVᵉ siècle.

(1) Tout à coup, en 1440, nous voyons paraître un gentilhomme, Jean de Maisonnais, écuyer, seigneur de Graine, qui rend hommage à François de Rochechouart, tant pour lui que pour Françoise de Beauvalier, sa femme.

(2) En 1507, un autre Simon de Maisonnais, conseiller en Parlement de Bordeaux, seigneur de la Mothe, d'Oradour et de Graine, rend hommage pour le... Oradour et son fief de Graine.

Le nom de Maisonnais est désormais uni à celui de Graine, et, jusqu'à la Révolution, une branche de cette maison porte ces deux titres avec beaucoup d'autres.

(3) A partir de 1520, un nouveau nom patronymique désigne Messieurs de Grayne, c'est celui d'Asnières. A cette date, un acte est ainsi conçu : « Jean d'Asnières, écuyer, Sgr. de la Chapelle ; Jeanne de la Chassaigne, damoiselle, sa femme ; François d'Asnières, aussi écuyer, fils de Jean, et Françoise de Maisonnais, damoiselle, sa femme, donnent procuration, etc. Fait par Rougier, garde du scel. »

(4) Un autre acte de 1572 porte : « Noble Jean Vigier, écuyer, abbé commandataire de Peyrusse, ci-devant curé de

---

(1) (2) (3) (4) *Archives de la Vicomté de Rochechouart.*

Maisonnais, demeurant à Saint-Mathieu, cède à Jacques d'Asnières, écuyer, Sgr. de la Chapelle, demeurant à Biénac, tous les droits et dismes, qu'il a sur Maisonnais. »

Dans un aveu, de Jean de Rochechouart, dès 1507, un d'Asnières possède le fief de Grane. « En la paroisse de Biénac, le fief de Grane, tenu et possédé par les enfants mineurs de deffunt Leroy d'Asnières, vivant, escuyer, Sr du d. lieu à foy et hommage lige et serment de fidellité comme dessus au debvoir ordinaire de la coustume à chascune mutation, de quoy le dit seigneur advouant et ses prédécesseurs vicomtes ont été servis comme de Justice par actes d'hommage et dénombrement rendus par Simon de Maisonnais à François de Rochechouart, dès le quinzième jour d'avril l'an mil cinq cent sept, signé Chabaudie et Maisondieu, noterres. » (1)

Les différentes branches des d'Asnières se développèrent dans la région. Tous les membres de ces familles restaient très-unis, et, dans tous les actes de vie religieuse, ils sont témoins les uns pour les autres, soit pour les baptêmes et les mariages, soit pour les enterrements.

Les vicomtes de Rochechouart et les barons du Bâtiment leur prêtaient souvent leur haut patronnage.

Il y a plusieurs localités portant le nom d'Asnières. Sans parler de la ville d'Asnières, dans la banlieue de Paris, on trouve des lieux de ce nom : 1° dans la Charente, arrondissement d'Angoulême, canton d'Hiersac ; 2° dans la Charente-Inférieure, canton de Saint-Jean-d'Angély ; 3° dans le Cher, commune de Bourges ; 4° dans la Vienne, canton de l'Isle-Jourdain, arrondissement de Montmorillon.

Je vais donner les renseignements, que j'ai pu me procurer, sur les différentes branches des d'Asnières. Quelle était leur parenté ? Il m'est impossible de l'établir. Pour quelques-unes je serai forcé d'être bref. Pour quelques-autres au contraire, il me sera permis de donner des détails importants et de suivre leur généalogie.

(2) En 1599, le registre baptistaire et matrimonial de

(1) Aveu de Jean de Rochechouart. Bulletin de la *Société archéologique* de Rochechouart, Touyéras. T. III. N° 1, p. 186, 1893.
(2) Leroux, *Documents relatifs aux églises réformées du Limousin.* pp. 109-110.

l'église réformée de Rochechouart fait mention d'Isaac
d'Asnières, sieur de Chabrignac (canton de Juillac, Corrèze).
Il épousa Marie de Chaslar dont il eut :

1° Jeanne, née le 22 novembre 1612.

2° Samuel, né le 29 mai 1614.

3° Anne, née le 18 juin 1615.

Ces trois enfants d'Asnières ont été baptisés au prêche de
Rochechouart.

En 1645, nous voyons Benjamin d'Asnières, sieur de la
Rivière, qui fut reçu « ancien du Consitoire » de Rochechouart,
le 30 décembre de cette année. Il épousa Jeanne Dauphin,
dont il eut :

1° Jacob, né le 13 juin 1633, baptisé au prêche de Rochechouart.

2° Anne, née le 16 mai 1634, baptisée au même prêche.

(1) Un Jacob d'Asnières fut sieur de Villeneuve (2), à
peu près à cette époque. Il était écuyer et originaire du village
de Chez-Levraud, paroisse de Roussines. Il épousa Renée de
Chièvres, qui, à l'âge de 50 ans, fit abjuration de l'hérésie de
Calvin, dans l'église de Roussines, le 25 novembre 1685.

Un autre Jacob d'Asnières de Villefranche est mort en
1660, et a été inhumé à Maumoussou, dans le cimetière des
calvinistes.

Abjuration de Renée de Chièvres

« L'an de grâce mil six cent quatre-vingt-cinq, le vingt-
cinquième jour du mois de novembre, en présence des
témoings soubsignez, Damoiselle Renée de Chièvres, épouse
de Jacob d'Asnières, escuyer, sieur de Villeneuve, demeurant
au village de Chez-Levraud, paroisse de Roussines, âgée de
50 ans environ, ayant reconnu que, hors de l'église catholique, apostolique et Romaine il n'y a point de salut, a de sa
bonne volonté et sans aucune contrainte faict profession de
la foy catholique, apostolique et Romaine et faict abjuration
de l'hérésie de Calvin entre mes mains ; de laquelle je luy ai

(1) Leroux. *Documents relatifs aux églises réformées du Limousin,*
pp. 109-110.
(2) Villeneuve est un village de la commune de Busseroles (Dordogne).

donné l'absolution en vertu du pouvoir que Monseigneur Levesque de Limoges m'a donné pour cet effet. En foy de quoy, la dite Renée de Chièvres que j'ai absous de l'hérésie et messire Jacques d'Abzat, chevalier, seigneur de Font Ladier, et dame Jeanne de Chièvres, son épouse, m^re Estienne Demallerand, docteur en médecine, Jean Leriget, m^re chirurgien, Jean Debeaufort sergent, témoins ont signé conjointement avec moy.

» Fait en l'église de Saint-Jacques de Roussines l'an et jour que dessus. »(1)

Ont signé :

R. de Chièvres. Jane de Chièvres. J. d'Abzac. Demallerant. Leriget. Debeaufort et Demallerant, curé de Roussines.

Au mois de juillet de l'annnée 1680, Jeanne de Chièvres, épouse de Jacques d'Abzac, sœur de la précédente, avait abjuré dans la même église, en présence de son mari, de A. Pradignat, quatre personnes nommées Debeaufort, Jeanne Dupon, Anne Dupon et Demallerand, curé de Roussines.

D'Asnières de Villefranche

Olivier d'Asnières épousa Jeanne Boulesteix.

De ce mariage naquit un fils *Edras*, sieur de Villefranche, qui épousa Suzanne Bonnaud.

De ce mariage naquirent :

1° Jacob, le 18 février 1625, baptisé au prêche de Rochechouart.

2° Anne, le 10 décembre 1627.

Jacob d'Asnières, connu le plus souvent sous le nom de sieur de Villeneuve, fils d'Edras et de Suzanne Bonnaud, a été parrain en 1633, 1679 et 1680. Les registres paroissiaux de Biénac en font mention. Il est mort à l'âge de 90 ans, et a été inhumé à Biénac, le 21 août 1718,

(1) Extrait du registre paroissial de Roussines, grâce à l'obligeance de M. Duverger, instituteur à Roussines.

Jacob d'Asnières avait épousé Elisabeth de la Tour, dont il eut cinq enfants : Olivier, né le 16 septembre 1657 ; Marie-Olympe ; Gabriel ; Renée-Angélique et Françoise-Elisabeth.

Marie-Olympe épousa, le 29 janvier 1704, Martial Roux, écuyer, veuf de Françoise Laurent, de la paroisse de Videix.

Olivier d'Asnières, sieur de Villefranche, épousa le 1er avril 1704, Elisabeth Birot, demoiselle de Cervolle, fille de Pierre Birot, écuyer, sieur de la Mirande et de la Clavelière, capitaine au régiment de Périgord, et de dame Marguerite Prévéraut, demeurant en la paroisse d'Anais en Angoumois.

De ce mariage sont nés :

1° Pierre-Louis, le 22 février 1705. A son baptême, il eut pour parrain, Pierre Birot, et pour marraine, dame Louise de la Tour, comtesse de Chambéry et de Saint-Brice (près Saint-Junien).

2° Jean-Auguste, le 19 janvier 1713. Parrain : Jean Prévéraut, sieur de Nitrat. Marraine : dame Marie-Olympe d'Asnières. En l'absence du sieur de Nitrat, a signé Pierre-Simon, sieur de Lagarde.

Pierre-Louis d'Asnières, sieur de Villefranche, écuyer, épousa Marie-Louise de Prévéraut, fille d'Abraham de Prévéraut, sieur de Nitrat, capitaine d'infanterie.

De ce mariage sont nés dix-huit enfants, dont les derniers ont vécu jusqu'au premier quart de notre siècle.

Cette branche des d'Asnières habitait le lieu noble de Villefranche, à Biénac. Leurs armes étaient d'argent à trois croissants de gueule.

La maison de Villefranche existe encore de nos jours et appartient à Mme Tenant.

La fortune de cette branche était médiocre et on se demande comment pouvaient vivre les membres nombreux de la famille avec de si modestes revenus. Une pièce de la période révolutionnaire, que je joindrai à cet ouvrage, indiquera la situation de cette noble maison et fournira des renseignements curieux.

Les d'Asnières avaient suivi le mouvement calviniste pendant les XVIe et XVIIe siècles et avaient encouru les foudres des tribunaux de l'époque. Ils avaient été traqués vivement par les vicomtes de Rochechouart, surtout par la comtesse Marie, marquise de Pompadour. Dame Elisabeth de la Tour et ses enfants, fils de feu Jacob d'Asnières, escuyers, sieurs de Villefranche, sont, en effet, sur la liste des familles de la religion réformée, fournie par Clovis Palasy, ministre protestant en 1681.

Peu à peu, les d'Asnières imitèrent les autres protestants de Rochechouart et firent amende honorable. Marie-Elisabeth Birot, mère de Pierre-Louis d'Asnières, et sa sœur, demoiselle Suzanne Birot, demoiselle de Bouchaud, abjurèrent publiquement dans l'église paroissiale de Saint-Julien de Biénac, en 1735 et 1761.

L'abjuration s'étendit évidemment à la famille entière. J'en trouve la preuve dans la lettre suivante qui est aux Archives départementales de la Haute-Vienne, et qui a été publiée dans le *Recueil des Archives historiques du Limousin,* t. III, p. 112.

Lettre d'un sieur Périgord à Monsieur de Blossac, intendant de Poitiers, le 27 octobre 1760, en réponse à une lettre demandant des renseignements sur la famille d'Asnières de Villefranche, qui sollicitait la remise de deux amendes, pour fait de religion contre Louis d'Asnières et sa tante. Il s'agit de Pierre-Louis d'Asnières, sieur de Villefranche, époux de Marie-Louise de Prévéraut.

« J'ai l'honneur, Monseigneur, de vous certifier que M. d'Asnières n'a ni n'a eu aucun frère ou sœur (erreur : il avait eu un frère, Jean-Auguste). Quant à la d^{lle} Anne Birot, sa tante, elle avait cinq sœurs, compris la mère de M. d'Asnières. Deux sont mortes sans enfants ; il y en a encore deux vivantes, qui ne sont point établies. L'une reste à Angoulême où elle vit de charité ; l'autre est avec M. d'Asnières, qui la garde aussi par charité. — M. d'Asnières est un gentilhomme très pauvre. Son bien consiste en deux métairies qui peuvent valoir 600 livres de revenu ; sur quoy il a des dettes et est chargé de treize enfants actuellement vivants, quatre garçons et neuf filles. Luy, son épouse et ses enfants sont catholiques. L'aîné de ses garçons, âgé de vingt-un ans, est lieutenant de milice au bataillon de Fontenay ; le cadet, âgé de seize ans, est tonsuré, pourvu d'une chapelle au château de la Ménardière, diocèse de La Rochelle, qui peut valoir 80 livres de revenu ; les deux autres garçons sont encore enfants. Les deux aînées des filles sont mariées et leurs maris sont catholiques ; deux autres ont pris l'habit de religion, à l'abbaye de Sainte-Croix, de Poitiers, depuis le mois de novembre 1759. »

De l'union de Pierre-Louis d'Asnières de Villefranche avec Marie-Louise de Prévéraut, sont nés dix-huit enfants.

1° Marie-Elisabeth, née le 26 avril 1735. Elle épousa, en 1757, Jean-Jacques Goursaud, sieur de Laumond.

2° Robert-Marie, née le 17 mai 1736. Parrain : Robert-Marie d'Asnières, sieur de Leycanie ; marraine : Marie de Rochechouart.

3° Françoise-Henriette, née en 1737. Elle épousa, le 8 avril 1760, son parent, Marie-Robert d'Asnières, sieur de Leycanie, âgé de 60 ans, veuf de Marie-Thérèse Montjon. Elle mourut à Villefranche, le 14 mars 1807.

4° Jacques-Abraham, né en 1738. Il épousa, en 1770, Marcelle de Soumagnes. Il était lieutenant de milice au bataillon de Fontenoy en 1760, et plus tard capitaine. Il émigra. A propos de ce d'Asnières, les registres paroissiaux de Chassenon (Charente) mentionnent, en 1821, la mort de M. Jacques-Abraham d'Asnières de Villefranche, époux de Gertrude-Françoise d'Asnières de la Redortière, sa parente, au château de la Grange-de-Caire, qui s'appelait alors la Grange-de-Nésmons. Mme d'Asnières était veuve de M. de Singareau et est décédée en 1820.

5° Louise-Suzanne, née en 1739. Elle fut religieuse à l'abbaye de Sainte-Croix, à Poitiers, et vint mourir à Villefranche, le 15 mars 1806.

Le registre paroissial indique qu'elle était « religieuse pensionnaire de la République. »

6° Marie-Thérèse, née en 1731, religieuse comme sa sœur.

7° Marie-Elisabeth, née le 15 février 1742. Elle épousa Pierre de la Brunye, avocat, et mourut le 30 janvier 1785.

8° François-Julien, né le 28 août 1743. Clerc tonsuré, chapelain du château de la Ménardière, diocèse de La Rochelle.

9° Françoise-Henriette, née le 10 septembre 1744, épouse de M. Buron.

10° Abraham-Jacques, né le 23 décembre 1746. A la date du 26 août 1825, le registre de la commune de Roche-chouart mentionne : « Jacques d'Asnières, ci-devant noble,
» âgé de 48 ans, militaire, natif de Biénac, condamné à la
» peine de mort par le tribunal criminel révolutionnaire de la
» Charente-Inférieure, établi à Rochefort, en date de ce jour,
» a été mis à mort, à l'aide de la guillotine, sur la place de
» la Liberté de cette commune, 22 pluviôse, an II de la Ré-
» publique. »

11° Marie-Madeleine, née le 6 janvier 1748. Elle épousa Ribierre de la Besse, du diocèse d'Angers.

12° François-Julien, né le 20 avril 1749.

13° Marie, née le 25 avril 1750, décédée à Villefranche, le 26 août 1758.

14° Marie-Elisabeth, née le 20 avril 1751.

15° Marguerite-Camille, née le 18 octobre 1758. Elle épousa, le 18 avril 1780, Jean Joubert, fils de Benoît Joubert et de dame Marie de la Ruffie, du château de Furmiger, paroisse de Pensol. Elle mourut à Villefranche, le 23 floréal an X.

16° François-Charles, né le 30 septembre 1745, décédé le 16 octobre 1747.

17° Jean-Baptiste-Robert, né le 9 juin 1753, décédé le 12 mars 1754.

18° François, né le 9 juillet 1754.

Le 1er mars 1762, Pierre-Louis d'Asnières, écuyer, père de cette nombreuse lignée, mourut à Villefranche, et fut en-terré dans l'église de Biénac.

Marie-Louise de Prévéraut, sa femme, lui survécut long-temps et mourut, à Villefranche, âgée de 86 ans, le 4 fructidor an VIII.

D'Asnières de Villechenon et de la Redortière

Les d'Asnières, sieurs de Villechenon, ne semblent pas avoir fourni une longue lignée.

En même temps, vivaient deux gentilshommes portant les noms de Jean-François, et connus comme sieurs de Ville-chenon.

1° *Jean-François d'Asnières*, écuyer, sieur de Villechenon et de Leycanie, épousa Marie-Thérèse Chazaud.

De ce mariage sont nés huit enfants que je n'ai pu suivre :

1° Anne, née à la Redortière, paroisse de Lésignac-Durand, le 27 octobre 1697, baptisée à Rochechouart.

2° Robert, né le 26 octobre 1698.

3° Henriette, née le 5 octobre 1699.

4° Jacquette-Thérèse, née le 20 août 1700.

5° Jean, né le 29 décembre 1701.

6° Jean, né le 12 novembre 1702.

7° François, né le 12 mars 1704.

8° Marie-Anne, qui prit l'habit, à Boubon, en 1729.

2° *Jean-François d'Asnières*, écuyer, sieur de Villechenon, du village de Macureau, épousa Suzanne Barbe, qui mourut, à Macureau, subitement, le 10 novembre 1690.

De cette union sont nés deux enfants, au lieu noble de Macureau, paroisse de Biénac.

1° Robert d'Asnières, né le 20 février 1687. A son baptê-me, le parrain fut Robert d'Asnières, sieur de Saint-Palais, qui signe : « Robert de Maisonnais », de la branche de Maisonnais de Gragne. Il épousa Anne de Prévéraut, la parente de Marie-Louise de Prévéraut, qui était la femme de Pierre-Louis d'Asnières, de Villefranche.

2° Marie-Olympe, née le 21 février 1689. Son parrain fut Jacob d'Asnières, sieur de Boreille, et sa marraine, demoi-selle Marie-Olympe d'Asnières, de la branche de Villefranche.

En 1721, Robert d'Asnières, sieur de Villechenon, est parrain à Biénac.

Le 18 septembre 1714, un François de l'Ecanie épousa Elisabeth Roux, fille de Gabriel Roux de Lusson, seigneur de Reilhac.

Je dois à l'obligeance de Monsieur Dupeyrat, curé de Chassenon, quelques renseignements sur la branche de la Redortière. Le registre paroissial de cette commune porte la mention qu'en 1781, on a enterré dans l'église de Chassenon, dame Marthe Leclerc, épouse de M. Jean-Baptiste d'Asnières de la Redortière. Du mariage de cette dame avec Mre de la Redortière était née Mademoiselle Gertrude-Françoise d'Asnières, de la Redortière, qui épousa, en 1774, Mre Jean de Singareau, écuyer, seigneur de la Cour.

Devenue veuve, Madame de Singareau épousa son parent, Mre Jacques-Abraham d'Asnières de Villefranche. Madame d'Asnières mourut, à la Grange-de-Caire, en 1820, et M^r d'Asnières, en 1821. La Grange-de-Caire s'appelait primitivement la Grange de Nesmons.

D'Asnière de la Chapelle, de Grayne, etc.

Pendant le 17me siècle, le château de Grenne a été habité par la branche des d'Asnières de la Chapelle, qui portaient également les titres de Maisonnais, du Moulin-Paute et de Saint-Palais.

En même temps, une autre branche portant les mêmes titres vivait à Videix. C'est cette branche, qui remplaça la précédente au château de Grenne, et qui aujourd'hui encore, grâce à des descendances indirectes, possède le château et les domaines qui en dépendaient. J'en parlerai dans un instant. Pour le moment, je reviens aux d'Asnières de la Chapelle.

Léon d'Asnières, écuyer, sieur de la Chapelle-Biennac, épousa, le 29 septembre 1605, Gabrielle de Lézay, fille de François, sieur des Marais, et d'Antoinette de Mailhac.

De ce mariage naquirent plusieurs enfants. Une fille Jeanne, est marraine à Biénac, en 1636.

Leur fils, *Robert d'Asnières*, chevalier, seigneur de Maisonnais, de la Chapelle, paroisse de Biennac, de Graine, de la Motte, de Saint-Palais, d'Oradour et autres places, épousa, le 19 avril 1637, Marie de Barbezières.

C'est ce Robert d'Asnières, qui était étudiant à Poitiers, en 1625, et dont on a trouvé, au château de Montaguier, un état de la garde-robe. (Voir à la fin de cet ouvrage.)

En 1665, dans un baptême, on trouve : « Marraine : vertueuse Marie de Barbezières, dame de la Chapelle, demeurant à la maison noble de Grayne, au dit bourg. »

En 1694, le même registre paroissial porte la mention suivante : « Enterrement de Marie de Barbezières, dans la chapelle du cimetière de Biennac, aux tombeaux des ancêtres de son mary. »

Les Archives de la vicomté de Rochechouart nous donnent en 1652 : « Hommage par Robert d'Asnières, de Maysonnais, écuyer, seigneur de la Chapelle, de Graine, de Roziers, fils et héritier de Léon d'Asnières, écuyer, seigneur de la Chapelle, de la Motte, de Graine et de Roziers, à Jean de Pompadour, vicomte de Rochechouart, comme châtelain de Rochechouart, seigneur de Montbrun, Cramaud, Puyjoyeux, qui appartiennent au dit de Pompadour, par sa femme, Marie de Rochechouart, fille unique de feue haute et puissante dame Françoise Estuert, fille de Louis Estuert, seigneur de Saint-Mégrin, et de Diane des Cars, et de Jean, vicomte de Rochechouart. »

Du mariage de Robert d'Asnières avec Marie de Barbezières sont nés trois enfants :

1°. — Marguerite, née le 5 mars 1638. Le registre paroissial fait, à cette époque, une mention curieuse : « 22 août 1638. — damoyselle Marguerite de la Chapelle, fille de M. et Mad., a été nommée reyne de la confrérie de la Nativité de Notre-Dame, et ont promis pour elle 6 ll. de cire, et ce pour la présente année. »

2°. — Jean-Baptiste, né le 23 juin 1661.

3°. — Robert, né le 1er juin 1639.

Ce *Robert d'Asnières*, sieur de Saint-Palais, de Graine, la Motte et Oradour, épousa *de nouveau, en conséquence de l'ordonnance de l'official*, dans l'église de Biennac, le 20 avril 1668, Anne Valentin, de la paroisse de Javerdat.

De ce mariage, sont nés : 1° Robert-François, mort âgé de cinq semaines, à Saint-Junien ; 2° Jean, né le 11 novembre 1670 ; 3° Henriette, dite de St-Palais, religieuse à Boubon, en 1702.

Le registre paroissial de Biénac porte la mention suivante :

Le 3 avril 1687 : « Enterrement de dame Anne Valentin, femme de M. de St-Palais, de Grenne, de la Motte, d'Oradour et autres places, dans la chapelle du cimetière de Biennac aux tombeaux des ayeux de M. son mary. »

D'Asnières de Maisonnais, de Grayne,
du Moulin-Paute

C'est en 1637, que je rencontre pour la première fois, le nom de St-Palais, et, sous ce nom, je l'ai déjà dit, deux familles vivaient en même temps, l'une au Moulin-Paute, l'autre au château de Grenne, à Biénac.

Ces deux branches portaient les mêmes titres. En 1775, il n'y en avait plus qu'une seule, à la mort de Robert d'Asnières, qui avait réuni tous les titres de la maison, et qui, étant né au Moulin-Paute, vint mourir au château de Grenne.

Robert d'Asnières, écuyer, sieur de Maisonnais et du Moulin-Paute, paroisse de Videix, épousa Marie de Crozant-Paute, (1) dame de St-Palais, qui mourut à Videix, âgée de 50 ans, le 12 décembre 1723, alors que son mari était déjà décédé.

Je trouve seulement, dans les registres de Biénac, la mention de son décès : « Robert d'Asnières, de Maisonnais, de St-Palais, etc. en son vivant, veuf de dame de Nesmons, mourut à Biénac, au château de Graine, âgé d'environ 75

(1) En 1407, les Crozans étaient déjà au Moulin-Paute. L'Aveu de Jean de Rochechouart en fait mention. « En la paroisse de Vidaix le fief du Moulin-Paute paréage et arrière-fief et despendances à présent tenu et possédé à foy et hommage lige et serment de fidelité par Louys de Crozans, escuyer, sieur du d. lieu au debvoir de la coustume à chascune mustation recognu et servi par Simon de Pressac, escuyer, auteur du dict Crozans à Jean vicomte de Rochechouart par actes d'hommage et dénombrement du huitième de décembre mil quatre cents et sept. Signé Petrus Axerü. »

ans, et fut inhumé dans la chapelle de N.-D. de Biénac, le 22 octobre 1775. »

Henriette, sœur de Robert, épousa Charles Guillot du Doussay, son parent au 2ᵐᵉ ou 3ᵐᵉ degré de consanguinité. Ils obtinrent dispense et se marièrent dans la chapelle du Moulin-Paute, le 16 septembre 1722.

Charles du Doussay et Henriette d'Asnières eurent plusieurs enfants. Le 13 février 1778, un fils portant le nom de Charles, chevalier de Malte, est parrain à Biénac, et la marraine était dame Marie-Françoise-Adélaïde de la Rochetulon, épouse de M. de Beaupoil de Saint-Aulaire, chevalier de l'ordre militaire de saint Louis.

Une fille naquit aussi de cette union. Je ne constate son existence que le jour de son décès. Le registre paroissial de Biénac mentionne, le 30 janvier 1779 : « Enterrement d'illustre demoiselle du Doussay, morte en odeur de sainteté, habitante du château de Graine, âgée d'environ 55 ans, fille légitime de défunt messire du Doussay, écuyer, seigneur du Puy, paroisse de Cussac, lieutenant-colonel d'infanterie, commandant le bataillon d'Angoumois, et de dame Henriette d'Asnières, de la Reille, et a été inhumée, suivant ses intentions, dans l'emplacement de l'ancienne chapelle du cimetière, en présence de etc., etc. »

Un autre fils fut Jean-Baptiste Guillot du Doussay, seigneur du Puy, qui avait épousé Radegonde Laramière. Il mourut, à Biénac, à l'âge de 76 ans, le 3 pluviôse, an X.

De ce mariage sont nés deux fils. Gaston du Doussay fut chevalier de Malte et émigra pendant la tourmente révolutionnaire. Jamais il n'a reparu en Limousin et l'on ne connaît pas la date de sa mort. Son frère, Louis-Gabriel du Doussay s'est éteint à Biénac, sans avoir été marié, âgé de 72 ans, le 4 avril 1829.

Le 18 juillet 1621. « Fut baptisé Jean Marron, fils de Mᵉ Jean Marron, juge sénéchal dudit Rochechouart et de Susanne Geruyer. Son parrain, messire Jean, seigneur vicomte de Rochechouart, seigneur baron de St-Germain-sur-Vienne, chevalier de l'ordre du Roy, conseiller en son conseil d'Estat et privé, au nom duquel fut présenté au baptesme par Jacob Dasnières, écuyer, sieur de Villeneuve. Fut sa marraine, Susanne Boulesteys, son ayeule. (1) »

(1) *Documents relatifs aux églises réformées du Limousin*. Leroux, page 111.

Louis-Gabriel du Doussay (1) étant mort sans postérité, ses héritiers furent ses neveux, M. le marquis Regnauld de la Soudière et son frère. Le Marquis seul s'est marié et a eu de la famille. Il avait épousé Mlle Catherine-Delphine de Nesmons. De ce mariage sont nés deux enfants : le marquis de la Soudière et sa sœur, qui a épousé M. de Gigou. Aujourd'hui, le propriétaire des domaines et du château de Grenne est M. de Gigou, petit-fils de M. le marquis de la Soudière.

A notre époque, où la fortune est l'objet de toutes les ambitions, et sa conquête le mobile du plus grand nombre des actes de la vie, on a le droit de se demander comment les gentilshommes pauvres du XVIIIe siècle pouvaient vivre dans leur petit castel, au milieu de leurs étroits domaines et de leur très nombreuse famille. Par les généalogies qu'on vient de lire, il est facile de voir qu'il y en avait très peu qui occupassent des situations dans l'armée ou dans les ordres. Presque tous, garçons ou filles, se mariaient et restaient invariablement dans leurs terres, donnant à leur tour, le jour à une nombreuse lignée. Tous étaient pourtant de nobles gentilshommes et leurs relations avec les comtes de Rochechouart, si puissants dans toute la contrée, prouvent que leur noblesse était considérée et que leurs titres étaient estimés.

Parmi les nobles de Biénac, plusieurs branches étaient pauvres, et les d'Asnières de Villefranche seraient aujourd'hui dans la plus profonde misère, s'ils devaient vivre avec leur modeste fortune. Ils avaient à peine des biens d'une valeur de 45,000 francs, et cette famille comptait dix-huit enfants, sans les parents et les tantes, les demoiselles Birot.

Il y avait dans ces familles une apathie peu louable, qui

(1) Dès 1561, une pièce des Acrhives porte que le vicomte Louis de Rochechouart fit arrêter Jean Lespinasse, pédagogue-protestant, par ses officiers : Louis Paute, Jacques du Dousset et René Bréjou, écuyers.

Note. — Ces généalogies incomplètes ont été extraites, en partie, des registres paroissiaux de St-Julien de Biénac, et, en partie, du nobiliaire du Limousin, grâce à l'obligeance de Monsieur Ducourtieux, D'autres renseignements m'ont été fournis par la publication de Monsieur Leroux, dans *les Archives départementales de la Haute-Vienne*, T. III, des documents historiques sur le Limousin, 1891. Enfin, la tradition et les souvenirs de quelques vieillards m'ont été d'une grande utilité.

avait peut-être pour origine une fierté de caste exagérée, et la pauvreté, sans doute honorable, qui en était la consé-quence, leur semblait préférable à une dérogation que le souvenir de leurs aïeux ne leur permettait pas.

Notre siècle, malgré ses nombreux travers, je pourrais dire ses vices, a inauguré un mode de vivre plus pratique. Le bien-être est d'abord l'ambition de chacun et le travail est le moyen que tout honnête homme emploie pour obtenir sa part de bonheur. Il n'y a pas de sot métier. Les nobles gen-tilshommes de Biénac n'étaient pas de cet avis, il y a plus d'un siècle, peut-être aujourd'hui partageraient-ils notre opinion.

La pièce qui va suivre, va montrer combien la maison d'Asnières de Villefranche était pauvre, au moment où survint la Révolution.

Etat et qualités des biens des d'Asnières (1) de Biennat. (Procès-verbal I)

Aujourd'hui, trois ventôse, an V de la République fran-çaise une et indivisible, dix heures du matin, devant nous, soussignés, membres de l'administration du canton de Roche-chouart, se sont présentées les citoyennes Dasnières-Lécannie et Marguerite Dasnières, filles et héritières de feu Louis-Pierre Dasnières, du chef-lieu de la commune de Biénac, lesquelles nous ont requis, vu qu'elles ne pouvaient par titres prouver aux autorités constituées en quoi et de quelle qualité sont les héritages délaissés par leur dit feu père, s'ils avaient à son décès la dénomination de noble ou de roturier, attendu que leurs titres ont été brûlés, conformément aux lois qui l'ordon-naient ; de vouloir recevoir les déclarations des citoyens François Labrousse, âgé de 76 ans, Barthélémy Marquet, âgé de 64 ans, Jean Lévêque, âgé de 63 ans, et de Jacques Marquet, âgé de 58 ans, tous domiciliés dans la dite commune de Biénac, qui ont une parfaite connaissance des biens com-posant la succession de feu Dasnières.

Les citoyens ci-dessus interpellés de nous déclarer s'ils connaissaient parfaitement les qualités d'alors des biens par lui délaissés.

(1) D'Asnières, de Villefranche.

Nous ont déclaré, à l'unanimité que les biens délaissés par le dit feu Dasnières consistaient :

1° En une maison de maître avec réserve ;

2° Un corps de domaine au labourage de six vaches et de deux bœufs, situé au chef-lieu de la commune de Biénac ;

3° En un domaine situé au lieu des Brosses, commune de Biénac, au labourage de quatre vaches ;

Le tout de la valeur de quarante-cinq mille livres, valeur de quatre-vingt-dix.

Lesquels biens ont toujours été regardés comme roturiers, à l'exception :

1° D'une pièce de terre, appelée *da Peira*, faisant partie de la réserve, de la valeur de trois cents livres ;

2° D'une chaume, appelée *Lascaud*, faisant partie du domaine des Brosses, de la valeur de soixante livres.

Après que les dits citoyens ci-dessus nous ont eu assuré avoir une parfaite connaissance des faits par eux avancés, nous avons dressé le présent procès-verbal, que nous avons signé, avec les citoyens Marquet, les autres ayant déclaré ne savoir, de ce interpellés. Administration municipale, Rochechouart, le jour et an que dessus. (1)

B. MARQUET ; G. MARQUET ; F. LAVAUD, agent municipal ; RAMBAUD, agent municipal ; BERTHELOT, agent ; SIMON-LARAZIDE, président ; G. BESSE, agent municipal ; BOUTHINAUD, agent municipal.

Etat et qualités des d'Asnières, de Biennat.
(Procès-verbal II)

Aujourd'hui, cinq ventôse, an cinquième de la République française une et indivisible, dix heures du matin, devant nous soussignés, membres de l'administration municipale du canton de Rochechouart, se sont présentées les citoyennes Dasnières-Leycanie et Marguerite Dasnières, du chef-lieu de la commune de Biénac, lesquelles nous ont requis sur l'attestation des citoyens François Labrousse, âgé de 76 ans, Barthélémy

(1) *Archives de la Mairie de Rochechouart*, pièce originale.

Marquet, âgé de 64 ans, et Jean Lévêque, âgé de 63 ans, tous domiciliés au chef-lieu de la commune de Biénac, qu'elles nous ont présentés, de constater le nombre de leurs frères et enfants existant à l'époque du décès de feu Louis-Pierre Dasnières-Villefranche, leur père, décédé en l'année 1762, le 1er mars.

Les citoyens ci-dessus interpellés de nous déclarer le nombre des enfants existants à l'époque de la mort dudit Louis-Pierre Dasnières, ont déclaré à l'unanimité qu'à l'époque dudit décès, il vivait treize enfants provenant du mariage de Louis-Pierre Dasnières et de Marie Prévéraud, son épouse.

Savoir :

1° Marie-Elisabeth,
2° Françoise-Henriette,
3° Jacques-Abraham,
4° Louise-Suzanne,
5° Marie-Thérèse,
6° Marie-Elisabeth,
7° François-Julien,
8° Françoise-Henriette,
9° Abraham,
10° Madeleine,
11° Marie-Henriette,
12° François Dasnières,
13° Marguerite-Camille.

De ces enfants vivent encore :

1° Françoise-Henriette Danières, veuve Lécante,
2° Jacques-Abraham Dasnières, émigré,
3° Louise-Suzanne, religieuse,
4° Marie-Thérère, religieuse,
5° Françoise-Henriette, religieuse,
6° Madeleine, veuve La Besse,
7° Marie-Henriette, veuve Buron,
8° François, émigré,
9° Marguerite-Camille, veuve Furmiger.

De tout ce que dessus nous avons dressé le présent acte, qui a été signé par nous et le citoyen Marquet, les autres ayant déclaré ne savoir.

Fait en administration municipale, Rochechouart, les jour et an que dessus. (1)

B. MARQUET, SIMON-LARAZIDE, président, BERTHELOT, agent, SOULAT, F. LAVAUD, agent municipal, RAMBAUD, agent municipal, BOUTHINAUD, agent municipal, G. BESSE, agent municipal.

Documents sur Biénac

Je ne sais si j'ai accompli la tâche que je m'étais imposée. Je me permets d'en douter, m'étant trouvé, dans mes recherches, souvent en face d'obstacles insurmontables, et les moyens d'investigation étant toujours très rares dans une petite ville, dépourvue de vieilles bibliothèques. Pendant que j'écrivais ces quelques pages, un peu incohérentes, j'éprouvais pourtant un véritable bonheur, et durant les longues soirées de travail, j'étais heureux de revivre le passé, de suivre nos anciens dans leurs habitudes, dans leur vie calme, dans leurs mariages et leur nombreuse liguée. Je me suis ainsi attaché davantage à mon petit pays, ayant appris à mieux le connaître, et reconnu que nos ancêtres, sans ambition, formant des familles aux nombreux enfants, valaient mieux que nous, puisqu'ils vivaient heureux dans la bourgade, ne quittant pas le pays, restant toujours fidèles aux respectacles traditions, transmises de générations en générations.

Je vais ajouter quelques documents, recueillis surtout dans les Archives de la Mairie de Rochechouart. Parmi ces pièces intéressantes, les unes appartiennent à la période révolutionnaire et se rapportent aux familles de Biénac et aux administrateurs de cette commune ; d'autres sont extraites de divers ouvrages limousins, mais toutes sont relatives à des personnages du pays, ou à des faits, qui se sont passés dans la paroisse de Biénac. Ces documents m'ont intéressé et j'ai cru bien faire de les reproduire, pour terminer mon ouvrage.

Situation de la paroisse de Biénac en 1785.

Quelle était la situation de la paroisse de Biénac et de Rochechouart, à la fin du siècle dernier ? Le curé desservant,

(1) *Archives de la Mairie de Rochechouart*, pièce originale.

à cette époque, va nous répondre. Les intendants s'étaient adressés aux curés des campagnes, en 1785, afin de connaître la situation des provinces. M. Brandy, qui signait encore curé de Biénac et de Rochechouart son annexe, fit une réponse complète, qui existe aux Archives du département et qui a été publiée, en 1893, dans les *Documents divers sur le Limousin*, par MM. René Fage et l'abbé Granet, page 243.

Paroisse de Biennat et de Rochechouart

1. — Dans la paroisse de Biennat il y a environ 294 feux et dans celle de Rochechouart son annexe 350 ; total 644.

2. — Environ 3,000 habitants.

3. — Les exploitations ou voiturages se font avec des bœufs ou vaches seulement.

4. — Les bras y sont communs et suffisants.

5. — C'est un païs très-inégal, en monticules et valons ; très-peu de bois et dont la culture et la plantation sont fort négligés chez la plupart, et chès les autres elle (sic) est dévastée par les chèvres, ânes, et malfaiteurs au point que le propriétaire est découragé à chaque instant en voyant ses plantations coupées, rompues ou dégradées. Les deux paroisses sont traversées par environ trois ou quatre petits ruisseaux ; la moitié du païs est arride.

6. — La nature des terres est très-ingrate dans la moitié des deux paroisses. On y sème en bled à peu près les deux tiers du païs ; un sixième du pays forme les prairies et pâturages très-médiocres, à la réserve des environs de la ville de Rochechouart, très-peu de vignes et de mauvaise qualité, le climat ny le terrain ne leur étant favorables ; ce que je regarde comme faisant un 20e du païs. Le reste en friche ou en bois. Point de forêts que celle de Rochechouart, qui fait toute la ressource des habitants ; encore elle sera bientôt épuisée ; elle appartient au seigneur.

7. — L'on connaît la méthode des prairies artificielles, mais elle n'est presque pas praticable à cause de la mauvaise qualité du terrain et de la rareté de l'engrais.

8. — Seigle, bled noir, un peu de froment, un peu de bled d'Espagne.

9. — Il se consomme à peu près dans la paroisse, excepté les années de grande abondance où le gros propriétaire peut en faire passer une portion au voisin. Les débouchés et les communications en sont très-difficiles.

10. — On y cultive du lin, du chanvre, mais en si petite quantité que les propriétaires ont besoin de recourir ailleurs pour leurs propres nécessités. Presque pas de cire ; il n'y a peut-être pas dans les deux paroisses trente ruches à miel. Point d'autre toile ni étoffe que quelque grosse toile et étoffe pour le gros peuple et qui ne peut suffire ; point de troupeaux de moutons, mais quelques brebis de nature extrêmement petite et de peu de produit. On n'y connaît ny industrie ny commerce que quelques veaux, cochons et peu de bœufs.

11. — Je n'en sache point ; le moyen nécessaire manque absolument.

12. — Point d'usines et d'autres manufactures que trois tuileries, six moulins à grain, un à foulon, une tannerie, une teinturerie, le tout sur deux petites rivières qui limitent mes paroisses, sçavoir : la Gorre, du côté du levant, et la Graine, du côté du couchant. Celle-ci manque d'eau plus de six mois de l'année, ce qui oblige les meuniers à recourir aux moulins qui sont sur la Vienne, distante de nous de deux lieues du côté du levant.

13. — Le commun du peuple est simple laboureur et parmi eux on peut compter quatre charpentiers passables, six menuisiers, trois serruriers et trois maréchaux-ferrants, assez bien mais peu instruits des maladies des chevaux, bestiaux et autres.

14. — Il y a dans l'année dix-huit foires où l'on conduit veaux, vaches, bœufs, chevaux, ânes, blé de toute espèce. Il y a marché tous les jeudis de chaque semaine et l'on y amène des cochons de toutes les tailles, blé de toute espèce, et ce dans la ville seulement et point au bourg de Biennat.

15. Tous les jeudis minage fréquenté, et tous les samedis mais peu fréquenté. Le froment pèse 30 à 32 livres le boisseau, l'avoine environ 18 livres, le seigle 25 à 27 ; l'avoine se vend comble.

16. — Point d'autres qu'une communauté de Jacobins et une aumônerie dont le curé est seul administrateur de tout temps, et cela sans être trop occupé, ayant environ 120 ll. de revenu annuel en rentes constituées, que les 10es et le sol pour livre réduisent presqu'à rien.

17. — A Rochechouart même il y a une poste aux lettres seulement et assez mal administrée.

18. — Il n'y en a qu'une de Saint-Junien à Rochechouart, de Rochechouart à Confolens et à Limoges, et ce pour les lettres et paquets seulement.

19. — M. de Rochechouart-Pontville, vicomte du titre de sa terre de Rochechouart.

20. — A Rochechouart la juridiction est subalterne au degré du siège royal de Montmorillon, cour consulaire de Poitiers, subdélégation de Rochechouart, à 6 lieues de Limoges, à 20 de Poitiers, à 10 d'Angoulême, à 15 de Montmorillon et 5 de Confolens.

21. — A deux lieues de la route de Limoges à Chabanais et à Angoulême. Les chemins de bourg à bourg sont très escarpés et montueux de Rochechouart à Biennat où il y a un ruisseau qui est très-dangereux dans les gros d'eau (sic) et qui traverse les deux chemins qui aboutissent de Rochechouart au bourg, où il faudrait deux petits ponts, car j'y ai vu périr deux personnes faute de secours. Il y a de très-mauvais chemins de village à village et surtout du bourg aux villages de Mascureau et de Cramaux qui, dans les temps d'eaux, empêchent les paroissiens d'assister aux offices de leur paroisse et aux prêtres de secourir leurs paroissiens. Autre chemin de Rochechouart à St-Junien, très-mauvais où il faudrait un bon pont sur la Gorre, rivière considérable, et le rendre praticable aux abords de St-Junien, où il est inaccessible. La pierre à réparer et à construire est commune dans la paroisse.

L'exposant du présent mémoire peut d'autant mieux certifier tous ces articles cy dessus véritables qu'il est depuis 25 ans dans la paroisse ou comme vicaire ou comme curé.

A Rochechouart, le 23 mai 1785.

BRANDY,

Curé de Biennat et de Rochechouart, son annexe.

La garde-robe d'un étudiant noble en 1625

Les archives du château de Montagnier, récemment étudiées par nous, nous ont fourni des notes assez nombreuses et assez variées. Nous détachons aujourd'hui du recueil de nos extraits, pour le Bulletin de la Société archéologique de Limoges, quelques indications concernant la garde-robe d'un jeune homme de notre pays, étudiant à Poitiers, en 1625.

Il s'agit de Robert d'Asnières, écuyer, seigneur de La Chapelle en Saintonge et de Graine, près Biennac, qui suit le cours de l'Université de Poitiers ; il est en pension chez un sieur Bernier dont le fils lui donne des répétitions payées. Les notes que nous avons relevées dans ses papiers domestiques éveillent une idée assez avantageuse de sa toilette. C'est ainsi qu'on le voit porter :

Un manteau d'écarlate avec des bandes de satin rouge cramoisy, et des boutons à la limace, deux douzaines d'esguillettes et du galon ;

Un habit de raz de Londres, acheté à Limoges, du sieur Romanet, marchand, avec de la tavelle et du galon ;

Un chapeau gris, demy castor, avec le cordon d'or et d'argent (coût 11 livres) ;

Une espée à guarde argentée et un baudrier couvert de galon d'or et d'argent avec la ceinture de même (le tout ayant coûté, à Limoges, 20 livres).

Le linge du jeune homme est en harmonie avec ce brillant équipage. Il porte des chaussettes et des caleçons de toile fine. Ses collets et ses manchettes de toile de Hollande avec « des glands et des cordons ». Ses chemises de toile de Hollande également, ne coûtent pas moins de quatre livres la pièce. Il porte des gants.

Il chausse tantôt des souliers de maroquin de Flandre, tantôt des souliers de cuir de vache, achetés, les uns et les autres, au prix de trois livres dix sols, du sieur Mordifer, de Rochechouart. Il a, de plus, une paire de grosses bottes, qu'il a payées dix livres, et il y ajuste une paire d'éperons de vingt sols.

Notons quelques autres passages du livre des dépenses de l'étudiant gentilhomme se rapportant à sa garde-robe.

Robert s'est fait faire un habit à la mode par un tailleur en vogue du nom de Jean Jouinet : la façon lui a coûté cent fols, plus 3 sols pour le vin des garçons. — Ce pourboire se donnait d'ordinaire lors de l'essayage. — La façon d'un autre habit, celui-ci d'écarlate, lui coûte un peu moins cher, 4 livres.

Un habit de camelot changeant ; un autre de drap d'Usseau marbré, accomodé de boutons d'or et d'argent et un « roquet » lui ont coûté chez le même Jouinet, de façon et garnitures, 32 livres. Il a, bien entendu, fourni l'etoffe.

Il paye 3 livres 19 sols deux aunes de futaine, à grain d'orge, pour faire deux paires de brassières, et la façon des dites brassières ; un peigne, 5 sols ; un baudrier de broderie d'or, acheté à Paris, 17 livres ; un ruban pour mettre à son baudrier, 12 sols.

Un chapeau bourru, acheté à un chapelier à Oradour-sur-Vayres, est payé 13 sols. Un chapeau, feustre de Paris, coûte cent sols à Limoges. On reteint un chapeau pour 5 sols.

Il y a, à Rochechouart, d'habiles lingères et un gantier au moins : deux paires de gants, prises chez ce dernier, ont coûté 39 sols. La lingère fait payer 20 sols la façon de quatre paires de manchettes, six coiffes de bonnet et six mouchoirs.

Ajoutons enfin que Robert donne à l'abbesse de la Trinité, du Dorat, pour le trousseau de sa sœur, religieuse dans ce monastère, « 20 aulnes de sarge de deux esteintes, amarante cramoisy, coustant 32 sols 1/2 l'aulne ; il y ajoute pour 60 livres d'estamine pour faire lincieux et chemises. » (1)

J.-B. CHAMPEVAL.

Visites domiciliaires faites au Château de Grenne et à Villefranche

Château de Grenne

Ayant terminé toutes les visites domiciliaires dans le chef-lieu de la commune de Rochechouart, toujours accompagnés de la force armée à notre disposition nous nous sommes ren-

---

(1) *Bulletin de la Société archéologique du Limousin* 1891, p. 247.

dus au chef-lieu de la commune de Biennac, et de là au domicile du citoyen Dudoussay, ayant disposé la force armée pour que les entrées et avenues en fussent bien gardées, avec défense de laisser passer personne, introduits dans la maison, accompagnés du citoyen Dudoussay, à qui nous avons donné lecture de l'arrêté susdaté de l'administration centrale et fait part de notre mission, nous avons visité tous les appartements et autres lieux où l'on peut soupçonner quelqu'un caché. N'ayant rien trouvé qui fût l'objet de nos recherches, nous nous sommes retirés, après avoir dressé le présent procès-verbal, qui a été signé par le citoyen Dudoussay, de ce interpellé. Fait à Biénac, les jour et an susdits. (1)

Signé : Dudoussay ; Simon-Larazide.

Dasnières de Villefranche

En continuant nos opérations, nous nous sommes rendus au domicile de la citoyenne veuve Villefranche. Ayant au préalable fait garder par la force armée toutes les portes et avenues, avec ordres de ne laisser sortir personne, introduits dans la maison, accompagnés de la citoyenne Dasnières, à qui nous avons donné lecture.... etc., (comme pour la visite précédente).

Signé : Marie-Thérèse Dasnières ; Simon-Larazide. (2)

Les commissaires dans ces visites, à Biénac, étaient : Pierre-Jacques Simon-Larazide et Joseph Simon-Duroule.

Visites domiciliaires faites au Moulin-Paute

L'an six de la République française une et indivisible, et le six thermidor, en exécution de la loi du dix-huit et de l'arrêté du directoire exécutif du dix-neuf messidor dernier, relatifs aux visites domiciliaires, conformément à l'arrêté de l'administration centrale de ce département, du vingt-huit messidor, aussi dernier, et des dispositions arrêtées par nous commis à cet effet : nous soussignés, Jean-Joseph Chouchet, agent municipal du chef-lieu du canton de Rochouart, et Pierre Soulat, commissaire du directoire exécutif, près l'ad-

(1) *Archives de la Mairie de Rochechouart.*
(2) Ibid.

ministration du chef-lieu du canton, accompagnés d'un détachement de la garde nationale de la commune de Rochechouart et de la gendarmerie, à la résidence du chef-lieu du canton, nous sommes transportés, environ deux heures après midi, au lieu du Moulin-Paute, commune de Vidaix, au ci-devant château appelé du même nom, inhabité et dépendant du citoyen Dudoucet, ascendant d'émigrés, où étant et ayant trouvé les portes principales fermées, sommes entrés par une porte à vitres, donnant sur la chaussée de derrière, que nous avons trouvée ouverte, et laquelle porte les colons du domaine, appelé de la Cour, nous ont dit avoir été ouverte par leurs femmes, après avoir fait toutes les recherches possibles dans les appartements, que nous avons trouvés ouverts, et avoir pris tous les renseignements des colons, dont nous nous sommes fait assister, avons reconnu que ce ci-devant château ne recélait aucun des individus désignés par les lois et arrêtés sus énoncés, et de tout quoi nous avons dressé le présent procès-verbal, fait et clos au dit lieu, les jour, mois et an que dessus. (1)

Chouchet, Agt.   Soulat, Cre Etif.

Betoulle, Gno.

Château de Grenne. Inventaire

Les visites domiciliaires exécutées, il fut dressé, par les commissaires délégués, un acte de séquestre des biens inventoriés.

Les actes de séquestre des biens du M. du Doussay, au château de Grenne et au Moulin-Paute, sont signés par MM. du Doussay, Soulat, et Lavaud, agent municipal. A la suite, se trouve la mention suivante :

« Enregistré à Rochechouart, le 4 pluviôse, an 6 de la République, droits suspendus.

» Signé : Dubourg. »

D'après l'inventaire, ces maisons semblent ne pas posséder d'argenterie. Les meubles sont modestes, mais nombreux, et le linge est en grande quantité et de prix.

---

(1) *Archives de la Mairie de Rochechouart.* Pièce originale.

Dans la cuisine du château de Grenne, il y avait : deux grands chenets en fer battu, une plaque en fonte, un feu, un tourne-broche, quatre marmites en fonte, trois grands pots en même matière, trois poêles, quatre poissonnières, quinze casseroles en cuivre, un chaudron en fonte, deux grands en cuivre, deux moules à tourtière, un four de campagne, huit couvercles de casseroles en cuivre rouge, deux seaux, deux cuillers à pot, deux écumoirs, un mortier, trois lampes, dont une en cuivre, un reverbère en fer blanc, une salière, une met, quatre plats en étain, huit assiettes même matière, etc.

Dans le salon : un paravent, un lit à tombereau, deux matelas, une couverture, un couvre-pieds en laine, des rideaux et tour de lit, en ras jaune, un petit coffret, une pendule à ressort, un cabinet à deux battants, dont ouverture faite, nous avons trouvé deux douzaines d'assiettes en faïence et un porte-huiliers ; une commode, une bergère en paille, garnie d'un matelas ; un lit, un traversin garni en plumes ; quatre fauteuils garnis en indienne ; cinq chaises garnies en paille, etc.

Dans une décharge : quatre-vingt-quatre assiettes en fayence, un service à plats en fayence, une lampe en étain, vingt verres à patte, un beurier en porcelaine, deux chandeliers en cuivre argenté, trois autres en cuivre jaune, une lampe à pompe ; une commode à deux battants, contenant deux chandeliers en cuivre argenté, six carafes en cristal, quatre tasses à café, avec leurs soucoupes, cinq verres à pattes, un chandelier à deux branches argentées, etc.

Dans l'antichambre, à côté du salon : un grand cabinet à deux battants, dont ouverture faite, nous avons trouvé vingt-neuf douzaines de serviettes ouvrées, trente-quatre draps de lit en brin, dix-huit nappes, etc.

Dans la salle ayant vue sur le jardin : treize fauteuils en paille ; quatre chaises garnies en mauvaise tapisserie ; trois fauteuils garnis de leurs coussins en indienne ; un canapé, une table à jeu avec son tapis, un bureau, une commode à six tiroirs, une grande table, une paire de chenets en fer battu, une pelle à feu, la dite salle garnie de tapisseries.

Dans la chambre à côté de la salle : un lit garni ; vingt-quatre garnitures de fauteuils en indienne, deux fauteuils en paille et trois chaises, etc.

Dans une chambre au bout de la salle : deux lits à l'ange garnis ; quatre fauteuils, une bergère, quatre chaises garnies en tapisserie, six chaises garnies en ras vert, un miroir, une bassinoire, etc.

Dans la chambre de la citoyenne du Doussay : une commode à quatre tiroirs, une autre commode à trois tiroirs, un cabinet, deux mules, deux fauteuils garnis en jaune, un tabouret, une table à toilette, une table de nuit, deux miroirs, un paravent, quatre tasses à café, un lit à l'ange garni de rideaux verts, avec fond dit siamoise, un autre lit en quenouille, garni de trois matelas, une couëte.

Dans un coffre, six nappes ouvrées, deux douzaines de serviettes, le tout mi-usé.

Dans une petite chambre servant de décharge : un grand nombre d'objets et de meubles, un rouleau de toile à matelas de six aulnes ; un autre rouleau de toile à sacs de dix aulnes ; un troisième rouleau de coutil, destiné à faire des lits ; les garnitures de cinq lits, dont deux de couleur jaune, deux en vert, une en bleu, un tapis de table et une tapisserie presque usée.

Dans la chambre du citoyen du Doussay : un lit à l'ange, avec garniture en ras vert, une commode à cinq tiroirs, des hardes, deux fauteuils, quatre chaises, deux chenets en fer battu.

Dans une petite bibliothèque : vingt-quatre-volumes tous disparates, une table à toilette, une petite armoire à un battant, quatre draps de lit de toile de Normandie.

Dans une autre chambre deux lits à l'ange garnis. Un des lits en fond de soie, et l'autre en fond d'indienne, une table de nuit, deux fauteuils, quatre chaises, une table, une demi-douzaine de serviettes en brin, deux couvertures, dont une en soie, huit aunes de toile d'étoupes en rouleau.

Dans la chambre d'un domestique : un coffre et une pendule.

Dans une remise : une voiture à quatre roues, avec ses harnais.

Dans une petite chambre servant de décharge : une grande armoire contenant trente et un draps de lit en brin, mi usés, cinq douzaines de serviettes ouvrées et trente-cinq nappes ouvrées.

Dans une chambre au haut du degré : une table, garnie de son tapis, une écritoire en porcelaine, deux fauteuils, garnis en vieux damas, une baignoire en cuivre, un lit garni de deux matelas, cinq chaises et un fauteuil, une table de nuit, un métier à tapisserie, une pendule avec un cadre monté sur un lion, un secrétaire, etc.

Vient ensuite la description des domaines et de la réserve.

L'acte de séquestre, concernant le Moulin-Paute, est fait à peu près dans les mêmes termes et il est facile de voir que ces deux maisons, appartenant à M. J.-B. du Doussay étaient riches et possédaient de nombreux meubles et une grande quantité de linge.

La visite était ordonnée parce que M. du Doussay était ascendant d'émigrés, ses deux fils ayant quitté la France, au moment de la tourmente révolutionnaire.

Les biens de cette maison étaient très importants. Beaucoup furent vendus par la nation. Un état cependant fait mention des biens non vendus, et l'on y trouve le moulin de Turluret, estimé 1,200 francs, et deux domaines du Moulin-Paute, dont la valeur est de 40,000 francs. Ils étaient sous séquestre, comme ayant appartenu au ci-devant du Doussay. (1)

Certificats de résidence

Jean Adré Tavuron, agent consulaire de la République française, à Malte, certifie et atteste que Charles Guillot, du Doussay, de l'ordre de Malte, est venu en cette ville, le 2 juin 1795, et que, depuis cette époque, il y a fait toujours sa résidence, sans interruption, qu'il continue encore, en foy de quoy je lui ay délivré le présent certificat que j'ay signé avec luy, et y apposé le cachet de ce consulat. Donné à Malte, le 15 germinal, an 4 de la Rép. fr. une et ind. (2)

(1) *Archives de la Mairie de Rochechouart.*
(2) *Archives de la Mairie de Rochechouart.* Registre pour les certificats de civisme et de résidence,

Tavuron. Charles Guillot du Doussay.

Enregistré à Rochechouart, le 13 thermidor, an 4.

Bourdeau, secrétaire.

Aujourd'hui dixième vendémiaire, an 5me de la Rép. fr. une et indivisible, se sont présentées les citoyennes Marie-Louise Prévéraud, Vve Dasnières, Françoise-Henriette Dasnières, Vve Dasnières, Suzanne-Louise Dasnières, Marie-Thérèse Dasnières, Marguerite — Camille Dasnières, pour obtenir un certificat, chacune, de résidence, sur l'attestation des citoyens Jérôme et Valentin Thomas, marchands, et Jean Marquet, commis à l'administration municipale, demeurant au chef-lieu de la présente commune, qui ont signé. (1)

Françoise-Henriette Dasnières. Vve Dasnières de Lécanie. Marie-Thérèse Dasnières. Marguerite Dasnières.

V. Thomas, Jérôme Thomas. Marquet.

⚊Procès-verbal de la nomination d'Agent municipal de la commune de Biennat

Liberté.   *Égalité.*

L'an sept de la République française une et indivisible, et le premier décadi de germinal, à dix heures du matin, les citoyens de la commune de Biénat, réunis en assemblée communale pour la nomination d'un agent de la commune, sous la présidence provisoire du citoyen Barthélémy Marquet, plus ancien d'âge, les citoyens Emery Fourgeaud, adjoint, Marquet, officier de santé, Meilhac, cultivateur, et Jean Fourgeaud, exerçant aussi provisoirement les fonctions de scrutateur, et le citoyen Jean Fourgeaud, celui de secrétaire, comme étant le plus jeune.

L'assemblée a procédé à la nomination d'un président définitif. La majorité absolue des suffrages ayant été en faveur du citoyen Marquet aîné, il a été proclamé président

----

(1) *Archives de la Mairie de Rochechouart.* Registre pour les certificats de civisme et de résidence.

définitif. Un autre tour de scrutin ayant donné la majorité absolue des suffrages, pour la place de secrétaire, au citoyen Jean Fourgeaud, ce dernier a été proclamé secrétaire. L'assemblée ayant ensuite procédé à la nomination de trois scrutateurs, les citoyens Pierre Meilhac, Pierre Chabernaud, Etienne Lavaud ont réuni la majorité absolue des suffrages et ont été, en conséquence, proclamés scrutateurs, le président et tous les membres du bureau ayant prêté le serment de la haine à la royauté, à l'anarchie, de fidélité et dévouement à la République et à la Constitution de l'an Trois et rempli toute les formalités prescrites par les lois, le président a fait répéter le même serment à tous les citoyens individuellement, et les a invités à s'approcher du bureau pour la nomination d'un agent, ce qui ayant été effectué, et ayant fait l'appel et réappel de tous les citoyens ayant droit de voter, le scrutin fermé, il s'est trouvé composé de trentequatre billets, en sorte qu'il a été déclaré que la majorité absolue pour être nommé agent est de dix-huit voix. Les dits billets ouverts il est résulté du dépouillement que le citoyen François-Etienne Lavaud, ayant réuni trente-deux voix, formant la majorité absolue, il a été proclamé Agent municipal de la dite commune.

Et n'ayant plus d'autre opération à faire dans la dite assemblée, il a été dressé de ce que dessus le présent procèsverbal, duquel lecture ayant été donnée à l'assemblée, la rédaction a été approuvée, et y celui clos et arrêté et signé par quatre, président, secrétaire et scrutateurs, les jour, mois et an que dessus. (1)

Suivent les signatures.

Acte de fondation de la Chapelle de Cramaud

« Universis presentes litteras inspectoris, officialis curie lemovicensis, salutem indomino. Eloquentes litteras, bone memorie Durandi quondam Lemovicensis episcopi, non cancellatas, non abolitas, nullà parte deletas, cum vero sigillo

(1) *Archives de la Mairie de Rochechouart.*

ipsius et integro sigillatas, nos vidisse noveritis quarum tenorem presentibus inseri fecimus in hac verba :

» Durandus, miseratione divinâ Lemovicensis episcopus, omnibus........ litteras videntibus salutem in domino. Noverint universi quod nos de volontate dilecti clerici nostri P. Gren, capellani ecclesie de Bianac...... dedimus licentiam Jouberto, militi et P. de Cramau, domisello fratribus, construendi capellam apud Cramau..... proprio adopus domorum ipsorum fratrum et heredum suorum ipsis succedentium, ità videlicet quod presbiter qui deserviet in eadem ipsi presetabitur capellano et ejus successoribus et jurabis quod justà mandatum ipsius sententias à nobis vel ministribus nostris latas, teneat et observet et quod omnes obventiones et oblationes que in eadem capellâ undecumque obvenient ipsi capellano et ejus successoribus reddat fideliter_et respondeat de eisdem, nisi esset aliqua caudela que de domibus ipsorum fratrum in ipsâ offeretur capellâ, septimarum vero tricenarium vadium annuala, et alia jura parrochialia non percipiet, nec habebit, et si perceperit, ipsi teneatur reddere capellano. Jurabit etiam et promittet idem presbiter quod parochianas sille de Cramau, vel quoslibet dicte parochialis ecclesie...... ipsius capellani licentia non recipiet ad divina, nec confessiones audiet, nec sacramenta aliqua ministrabitur...... nisi summâ necessitate. Ad hoc fuit additum et provisum quod dicti fratres cum suis uxoribus et eorum sucessores commorantes ibidem in Pascha, in Ascensione, in Pentechosten, in Assomptione Beate Virginis, in felicitate beatorum Martialis et Juliani, et in festo omnium sanctorum et in crastinum, in Natali Domini, in Epiphaniâ, in festo consecrationis ecclesie, in purificatione Beata Marie, ad parochialiam ecclesiam veniant pro divinis officiis audiendis, et tunc et alias capellano predicto parrochialia jura reddant. Fuit etiam additum quod ipsi fratres provideant de presbitero, qui, sub predictis conditionibus, deserviat in eadem, et dictus miles, ut sit melius, parrochialis ecclesia conservaretur indempnis assignavit ipsi ecclesie in perpetuum septum solidos carrentis monete precipiendos à capellano dito ecclesie in tota terra ipsorum fratrum de Cramau, medietatem scilicet in festo Assomptionis Beate Marie, et aliam in Natale..... parifice et quiete quousque eo incompetenti loco et ydoneo exiguet ecclesie predicte, et ad majoris roboris firmitatem de consensu partium utrique parti super hiis litteras nostras concessimus nostro consignatas sigillo in testimonium hujus rei.

» Datum Lemovicis VI idus aprilis anno Domini millesimo CCᵒ XLᵒ quarto. In cujus rei testimonium sigillum Lemovicensis curie presentibus litteris duximus apponendum. Datum VIIᵒ idus marcii, anno Domini millesimo CCᵉ quinquagesimo tertio. (1)

BONETUS.

Fondation du cardinal de Cramaud.

« Le révérend père en Christ illustrissime seigneur Simon de Cramaud, natif d'un lieu de cette paroisse, a fondé en cette église, quatre chapellenies pour quatre chapelains, dont chacun est tenu de célébrer chaque jour, à perpétuité, une messe de morts pour les âmes du père du dit révérend seigneur et de ses parents, et ce chacun leur tour et par semaine ; savoir : les quatre semaines étant révolues, celui qui aura célébré dans la première semaine du mois devra recommencer, et dans la seconde le second, dans la troisième le troisième, et dans la quatrième le quatrième, et continuant ainsi chaque mois, à perpétuité. Nul ne pourra posséder ces chapellenies, s'il ne réside personnellement dans ce lieu de Biénac. Ces quatre chapelains sont tenus, tous les jours de dimanche et de fêtes, de dire avec le chapelain de cette église, matines et les autres heures de l'office, et d'aider à la célébration de la grand'messe. Et pour la subsistance de ces chapelains, il a acquis la dîme de ce bourg et du mas de la Royère et de Cramaud, sur lesquels il possédait déjà trente et un septiers de grain, et pour le reste il a donné au seigneur vicomte de Rochechouart, quarante et une livres trois deniers de rente, lesquelles rentes le seigneur de Mareuille possédait depuis longtemps sur les habitants de Rochechouart, et pour lesquelles il a compté au même seigneur de Mareuille quatre cents livres : il a aussi acquis d'Étienne Quadrigare, cinq septiers de rente, savoir : deux septiers de froment et trois

(1) *Pouillé du Diocèse*, de Nadaud.

septiers de seigle sur la dîme du mas de la Chassanhie, dans le territoire de la ville de Rochechouart, entre le mas du Plantier d'une part et le mas des Chausseilles ; et la troisième partie de la dîme du vin du dit territoire. Le révérend seigneur a donné en outre à perpétuité d'autres choses à ces chapelains, et, par la grâce de Dieu, il leur en donnera bien d'autres. Ceci a été écrit l'an du Seigneur mil quatre cent six. » (1)

Un curé de Biénac. — Léonard Nauche

Léonard Nauche, (2) prêtre, bachelier en théologie de l'Université de Bordeaux, en 1650, fut nommé par l'évêque de Limoges, Mgr de La Fayette, en 1659, à la cure de Biénac et de Rochechouart, son annexe. Il se démit de sa cure au mois de mars 1683, et mourut à Rochechouart, le 9 avril de la même année, fort regretté de ses paroissiens. On a de lui le discours suivant :

Oraison funèbre de très-haute, très-puissante et très illustre dame Marie de Rochechouart, marquise de Pompadour. (A Brive, par A. Alvitre, imprimeur et libraire juré de la ville et du collège, 1666, in-4°).

Léonard Nauche avait prononcé cette oraison funèbre le 26 août 1665, dans l'église de Saint-Sauveur, de Rochechouart.

Marie de Rochechouart était morte à Pompadour le 13 juillet 1665, et avait été inhumée le 15 juillet, dans l'église d'Arnac. Au service de quarantaine, on vit les deux évêques de Limoges et de Tulle, cent vingt ecclésiastiques des deux diocèses, la noblesse du Haut et Bas-Limousin, et les consuls de la province. Le P. Texier, recteur des Jésuites de Limoges, fit l'oraison funèbre. Peu de temps après, les consuls de Limoges firent célébrer un service solennel dans l'église de Saint-

(1) Traduction de M. le curé Duléry. Cette inscription, en latin, est gravée sur une pierre, conservée dans le chœur de l'église de Biénac, côté de l'évangile.

(2) L'abbé Arbellot. — *Bulletin de la Société archéologique du Limousin.*

Pierre. L'évêque y officia, et l'oraison funèbre fut prononcée par le P. Vidaud, provincial des Carmes-Déchaussés.

La grosse cloche de Biénac a été baptisée par le curé Nauche.

Le peintre Simon Javerlhiat, de Biénac

Dans notre province, au XVIIᵉ siècle, les beaux-arts étaient peu cultivés.

En parcourant l'inventaire des archives communales de la Haute-Vienne, on constate seulement l'existence de deux peintres : Pierre Pradel, à Eymoutiers, et Simon Javerlhiat, à Biénac.

« D'après la préface de cet ouvrage, on croit qu'ils sont, selon toute vraisemblance, plus et mieux que des barbouilleurs de murailles. C'étaient probablement, est-il ajouté, des décorateurs d'église, capables de satisfaire, au besoin, une clientèle de curés de campagne. »

A notre très humble avis, cette appréciation ne paraît pas exacte ; toutes sortes de raisons semblent prouver le contraire.

En effet, Pradel épousa Jeanne de Conhac, veuve de messire d'Eychyzadour.

Le parrain de leur premier né fut le marquis de Châteauneuf.

On conviendra que Pradel n'était pas un simple ouvrier, obligé de « barbouiller des murailles » pour gagner sa vie.

Simon Javerlhiat naquit en 1643. Sans avoir contracté les nobles alliances de Pradel, il appartenait à une excellente famille. Son père était notaire à Biénac et son frère était « praticien ».

Il est qualifié, la première fois, de « maître en l'art de peinture », dans un acte du 22 septembre 1665, où il figure comme témoin.

La même qualification lui est donnée dans l'acte de son mariage qui eut lieu, le 8 novembre 1667, avec Françoise Chappus, dont le père était aussi notaire à Biénac.

Nous avons aussi relevé cette distinction de « maître » dans deux actes de baptême des 2 avril 1666 et 23 novembre 1692, dans lesquels Simon Javerlhiat est parrain, et les marraines sont des grandes dames du pays.

Enfin, son acte de décès, survenu le 8 juin 1706 (il avait 63 ans), l'inscrit encore comme « maître en l'art de peinture ».

Par la position de sa famille, Simon Javerlhiat n'avait nul besoin de se livrer à un vulgaire travail manuel, et, d'autre part, le titre qui lui est décerné durant sa vie entière, prouve bien qu'il devait posséder quelque talent.

Ce n'était pas, à vrai dire, un de ces grands artistes dont la réputation s'étend au loin ; il devait s'occuper surtout des portraits et des tableaux d'église, et il n'est pas téméraire de prétendre que beaucoup de tableaux de ce genre, qui existent dans les anciennes familles de la région, sont ses œuvres.

Un des frères de Javerlhiat était curé de Saint-Jean de Vayres ; Simon a dû nécessairement employer son pinceau à la décoration de cette église.

Quoiqu'il en soit, Simon Javerlhiat mérite mieux que la désignation de « barbouilleur de murailles » ; rien ne permet de le dépouiller de son titre de « maître en l'art de peinture », qui lui est donné dans tous les actes de sa vie.

Nous avons démontré, ailleurs, le bon rang qu'occupait Rochechouart au cours des deux derniers siècles, au point de vue de l'instruction publique. Nous avons pensé faire œuvre utile, en signalant, aujourd'hui, dans Simon Javerlhiat, une autre exception en faveur de Rochechouart et Biénac : Il est le seul « maître en l'art de peinture », dont l'existence ait été relatée, aux XVIIe et XVIIIe siècles, non seulement dans le reste de la vicomté de Rochechouart, mais encore dans le Limousin tout entier. (1)

Octave d'Abzac.

---

(1) *Bulletin de la Société archéologique de Rochechouart*, 1893, T. III, pages 184 et 185.

Le Cardinal de Cramaud

Au XIV° siècle, d'est-à-dire, durant la vie des vicomtes Jean Ier, Louis Ier, Jean II et même Geoffroy, un homme, né dans la région de Rochechouart, devenait illustre. Je veux parler de Simon Tizon de Cramaud, connu sous le nom de Cardinal de Cramaud.

Né vers le milieu du XIV° siècle, au château de Cramaud, paroisse de Biennac, Simon était le fils de Pierre de Cramaud, damoiseau, et de Marthe de Sardène, dame du château de Solignac. Il entra à l'abbaye des Bénédictins de saint Lucien, de Beauvais, fut licencié ès-lois, en 1369. Nommé maître des requêtes, en 1380, puis Conseiller du roi, il devint évêque d'Agen, le 16 juin 1382, et fut envoyé en ambassade, auprès du pape Clément VII, l'année suivante. En 1384, il reçut le titre d'évêque de Poitiers et d'administrateur de l'évêché de Béziers. Il devint chancelier du duc de Berry en 1387, chanoine de Saint-Martin de Tours, évêque d'Avignon, et enfin patriarche d'Alexandrie et administrateur de Carcassonne, en 1391. Ambassadeur d'Espagne, en 1396, ambassadeur auprès du pape Benoît XIII, en 1407, il devint archevêque de Reims, en 1409, reçut la pourpre en 1412, puis enfin redevint évêque de Poitiers, en 1418, et c'est dans cette ville qu'il mourut en 1422, ou 1426.

Simon fut baptisé à Biennac (Duléry), ainsi que ses frères, Pierre et Aymeric. Aymeric mourut en bas âge. Pierre choisit la carrière des armes, et, en qualité d'enseigne, portait la bannière de Jean de Rochechouart, à la bataille de Poitiers, (Duléry).

Le cardinal de Cramaud a-t-il été enterré dans le cimetière de Biennac ? Plusieurs versions ont été accréditées et la lumière complète ne se fera probablement jamais. Ce que nous pouvons voir encore aujourd'hui dans ce cimetière, c'est une belle pierre tombale, sur laquelle sont gravés, en relief, le portrait d'un ecclésiastique, revêtu de ses ornements sacerdotaux, et une double croix patriarchale. La tradition veut que le cardinal repose sous cette pierre, et l'opinion des vieillards de la région n'a jamais varié à ce sujet. En outre, ce tombeau est situé sur l'emplacement de la chapelle de saint

Antoine, qui avait été fondée par la famille de Grana, amie
et alliée des Cramaud, elle s'élevait dans le cimetière de
Biénac, paroisse où le cardinal avait fondé quatre chapellenies pour quatre chapelains, que le vicomte Jean II de
Rochechouart-Pontville transporta au couvent du Châtenet,
au XVIIme siècle,

Cette chapelle tombait en ruines en 1779. Un fragment
de l'acte de suppression, écrit sur le registre paroissial de
Biénac, que j'ai donné dans le chapitre consacré au cimetière
en fait mention.

Un beau fanal ortogonal éclairait le cimetière en cet endroit.

Dans la chapelle du cimetière de Biénac on faisait des
inhumations, constatées par les registres paroissiaux. Il est
assez naturel de penser que les Cramaud, puissants seigneurs
de la paroisse, aient choisi cette chapelle pour élever un
monument à un membre de leur famille, à un prince de
l'Eglise. Du reste, les nobles de Biénac, portant le titre de
seigneurs de Grenne, ont continué a abriter leurs morts sous
la voûte de cette petite église, et aujourd'hui qu'elle a disparu,
on donne encore la sépulture, dans le même lieu, aux descendants et successeurs de ces gentilhommes. Les du Doussay,
les la Soudière ont leurs tombeaux à côté du cardinal, au
milieu d'un amoncellement de pierres, qui indiquent parfaitement l'emplacement des murailles de la chapelle de Saint-
Antoine.

A Poitiers, il est certain qu'un beau monument fut élevé
à la mémoire de Simon de Cramaud, dans la cathédrale de
Saint-Pierre. Ce monument n'existe plus aujourd'hui. Mais
sur une colonne, à gauche et près du chœur, à côté du banc
des chanoines, on voit une mention gravée dans la pierre,
indiquant qu'ici repose Simon de Cramaud. (1)

Quoi qu'il en soit et quelle que soit la croyance qui pa-
raisse l'emporter, il ne paraît pas douteux que le monument

____

(1) On a pu admirer, à l'exposition de Limoges, en 1886, le Missel de
Simon de Cramaud, donné le 26 décembre 1405, à l'église cathédrale de Saint-Etienne. Ce beau livre d'une exécution soignée et
renfermant quelques lettres remarquablement enluminées, est la
propriété de Monsieur Adolphe Ardant, de Limoges.

du cimetière de Biénac ait été élevé à la mémoire, tout au moins, de l'illustre cardinal.

En 1406, le cardinal avait créé quatre chapellenies, dont la fondation reste gravée sur une belle pierre dans le chœur de l'église Pour la subsistance de ces chapellenies (1), Simon Tizon de Cramaud avait acquis la disme de Biénac et du mas de la Royère et de Cramaud, sur lesquels il possédait déjà trente-un setiers de grains. Il donnait également d'autres rentes, et, particulièrement, deux setiers de froment et trois setiers de seigle, sur la disme du blé du mas de la Chassanhie, à Rochechouart, entre le mas du Plantier et le mas des Chausseilles, et enfin la troisième partie de la disme du vin du dit territoire.

Dans un article sigillographique, paru dans le bulletin de la Société archéologique du Limousin, en 1893, il a été publié, avec dessins à l'appui, la description de trois sceaux du cardinal de Cramaud et d'un sceau de Jean de Cramaud, chevalier.

1° Sceau rond, de 30 mm., appendu à une quittance délivrée au receveur général des aides, le 2 mars 1385.

Dans une niche gothique, la vierge, à mi-corps, portant l'Enfant Jésus ; au-dessous, un écu à la bande accompagnée de six merlettes.

2° Sceau rond, de 33 mm., appendu à une pièce relative aux gages de Jourdain de l'Isle, chevalier, pour les guerres de Guienne, le 4 décembre 1386.

Légende : S¹ Simonis Epi Pictaven.

Niche, Vierge, Enfant Jésus, accostés de saint Pierre et de saint Paul, dans deux logettes latérales ; au-dessous, l'évêque priant, accostés de deux écus aux armes.

3° Sceau rond, de 28 à 30 mm., du patriarche d'Alexandrie, appendu à une quittance de pension, donnée par Simon, patriarche, conseiller du duc d'Orléans, a Paris, le 1ᵉʳ juin 1406.

Niche, Vierge, Enfant Jésus ; dans deux petites niches latérales, deux anges agenouillés ; au-dessous, un évêque priant, accosté de deux petits écussons, celui de dextre aux

(1) Voir le texte de l'acte de fondation, à la page 87.

armes de Cramaud, celui de sénestre effacé. (Bibliothèque nationale.)

4° Jean de Cramaux. Sceau rond, de 28 mm., appendu à une quittance de gage (guerres de Guienne.)

La Rochelle, 12 octobre 1387.)

Légende : S : JEH de Cramaut.

Ecu aux armes, penché, timbré d'un heaume couronné et cimé d'une tête de lion, dans un vol, supporté par deux griffons.

FIN

TABLE DES MATIÈRES

Rochechouart, Imprimerie DUPANIER Frères